Servus,

»Lust auf Leben«, damit wirbt das Kärntner Tourismusportal für Ferien im südlichsten österreichischen Bundesland. Beim Durchblättern dieses DuMont Bildatlas wird man feststellen, es ist ein gut gewählter Slogan. Die Bilder von Toni Anzenberger zeigen Lebensfreude pur, sei es beim Kirchtag in Villach, beim Shoppen in Kärntens heiterer Hauptstadt Klagenfurt oder beim Baden an einem der herrlichen Seen.

DER NÄCHSTE SEE IST NICHT WEIT

Apropos Seen. Insgesamt gut 1200 stehende Gewässer soll es in Kärnten geben. Den vier größten Seen, Wörthersee, Ossiacher See, Millstätter See und Weißensee, widmen wir gleich mehrere Bildseiten. Daneben gibt es aber auch die kleinen blau-grünen Juwelen, an deren Ufern man herrlich entspannen kann. Auf S. 34 f. stellt uns Walter M. Weiss seine Lieblingsbadeplätze vor. Sie locken im Sommer mit angenehmen Temperaturen und haben alle Trinkwasserqualität. Da wird der Sprung ins kühle Nass zum reinsten Vergnügen.

KONTRASTPROGRAMM BERGE

Aber: »Kärnten ist mehr als liebliche Badeseen und südländisch anmutende Städte. Im oberen Land kann man seine majestätische, raue, ... alpine Seite erleben ...«, konstatiert Walter M. Weiss auf S. 111. Ganz bequem lässt sich die Region bei einer Fahrt auf der Großglockner-Hochalpenstraße erschließen. Für mich ist es ohne Frage die schönste Panoramastraße der Alpen.

Herzlich

Ihre

Birgit Borowski

Birgit Borowski
Redaktion DuMont Bildatlas

Der Wiener Autor, Fotograf und Studienreiseleiter Walter M. Weiss ist ein intimer Kenner des Bundeslandes Kärnten, über das er schon mehrere Bücher geschrieben hat.

»Das Ostufer des Weißensees ist einfach ein Traum«, meint der Wiener Fotograf Toni Anzenberger. Hier befindet er sich am Zufluss Weißenbach.

72
Das Leben genießen: beim Kirchtag in Villach.

Klagenfurt: mediterranes Flair und viel Kultur.

24

Der Faaker See lädt zum Baden ein.

78

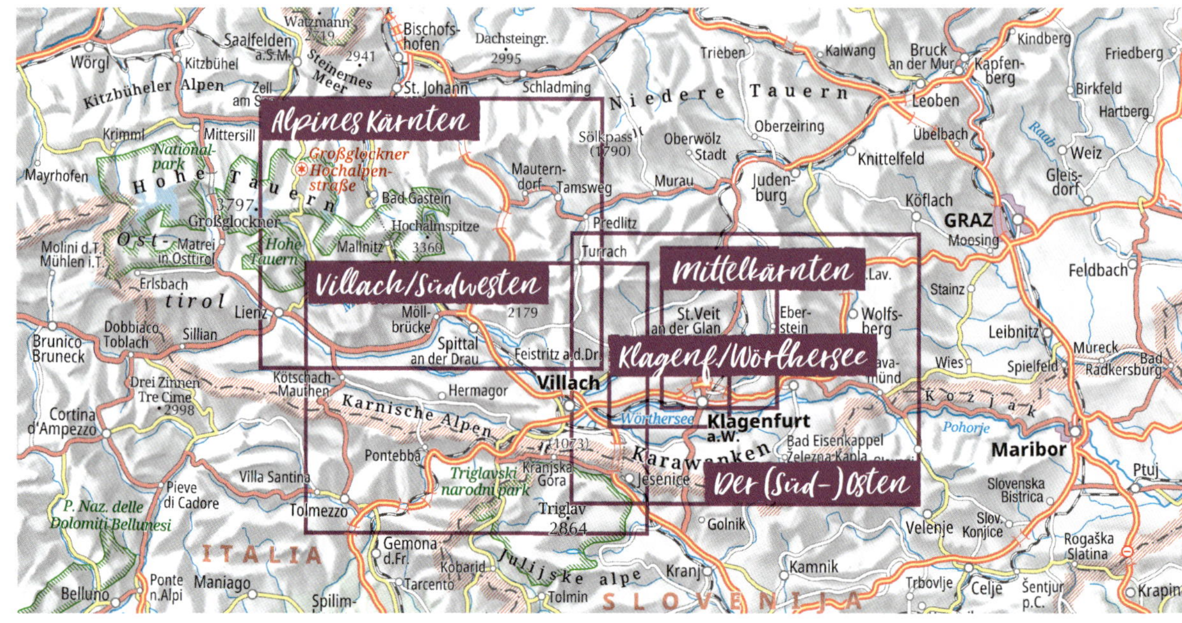

Das Beste erleben

Berührend, aufregend und spannend ...
sind unsere Ideen, die wir für Ihren Aufenthalt
in Kärnten zusammengetragen haben.

Große Kunst

*** 1 ***

STIFT ST. PAUL

Dank seiner Kunstsammlungen und kostbaren Architektur heißt das Benediktinerstift auch »Schatzkammer Kärntens«.
Seite 70

*** 2 ***

STIFT MILLSTATT

Museale Kunst und Musikgenuss – beides bietet das uralte Benediktinerkloster, eingebettet in prächtige Natur.
Seite 111

8

Berauschende Natur

*** 3 ***

WEISSENSEE

In Wald gebettet, kristallklar und kaum bebaut: Kärntens höchstgelegener Badesee ist ein Naturidyll.
Seite 92

*** 4 ***

RAGGASCHLUCHT

Auf Stegen durch das 200 Meter tiefe Naturwunder zu wandern, vorbei an acht Wasserfällen ... ein schwindelerregendes Erlebnis.
Seite 112

*** 5 ***

GROSSGLOCKNER-HOCHALPENSTRASSE

Die wohl schönste Panoramastraße Österreichs verdreht garantiert jedem den Kopf.
Seite 113

1

Reiche Geschichte

*** 6 ***

MARIA SAAL

Kärntens ältestes Gotteshaus markiert das geistige Herz des früheren Herzogtums.

Seite 53

*** 7 ***

MAGDALENSBERG

Auf der größten römischen Ausgrabungsstätte im Ostalpenraum wird die Antike wieder lebendig.

Seite 53

*** 8 ***

BURG HOCHOSTERWITZ

Die mehr als tausend Jahre alte Bilderbuchburg gilt als eines der Wahrzeichen des Landes.

Seite 54

Fantastisches Erleben

*** 9 ***

KLAGENFURT

Die Landeshauptstadt nimmt Besucher mit einer malerischen Altstadt und südlichem Lebensgefühl für sich ein.

Seite 37

*** 10 ***

VELDEN

Mondän, und TV-erprobt: der Wörthersee (und mit ihm Velden) taugt immer noch als Highlife- Spielplatz, bietet aber auch Normalurlaubern fast mediterrane Badefreuden.

Seite 38

*** 11 ***

PYRAMIDENKOGEL

Der höchste Holzaussichtsturm der Welt bietet auch eine Seilrutsche in die Tiefe.

Seite 39

*** 12 ***

KÖLNBREINSPERRE

Am Ende der Malta-Hochalmstraße wartet Österreichs höchste Staumauer, die von außen und von innen schwer beeindruckt.

Seite 112

DIE WELT VON OBEN

Das Prädikat »Kärntens schönster Panoramablick« beanspruchen etliche Höhenlagen des Landes für sich. Welcher Gipfel tatsächlich auf Platz eins der Rangliste steht, muss jeder Besucher selbst entscheiden. Sicher ist, dass die Aussicht vom 1911 Meter hohen Gerlitzen-Gipfel auf den Ossiacher See zu den besten gehört.

Kanzelbahn
57

AM SCHÖNEN WÖRTHERSEE

Zugegeben: Die Zeiten des ganz großen Promiauftriebs sind vorbei. Die Reichen und Schönen schirmen sich eher auf Privatgrundstücken ab, als sich auf der Strandpromenade zu zeigen. Doch es gibt sie noch immer, die Glitzerwelt der Jachten und Sportwagen, der exklusiven Partys und Events.

Rundfahrten

Hotel Goldenes Lamm
CAFE·RESTAURANT
EINBAHN
HOTEL

NACHTS IN VILLACH ...

... steppt nicht unbedingt der Bär zu Füßen des Stadtpfarrkirchturms – außer es ist Fasching oder Kirchtag. Gepflegt ausgehen kann man aber allemal in der Drau-Metropole mit dem weltoffenen Ambiente. Am Hauptplatz und in den Seitengassen liegen Clubs, Bars und Restaurants nah beieinander.

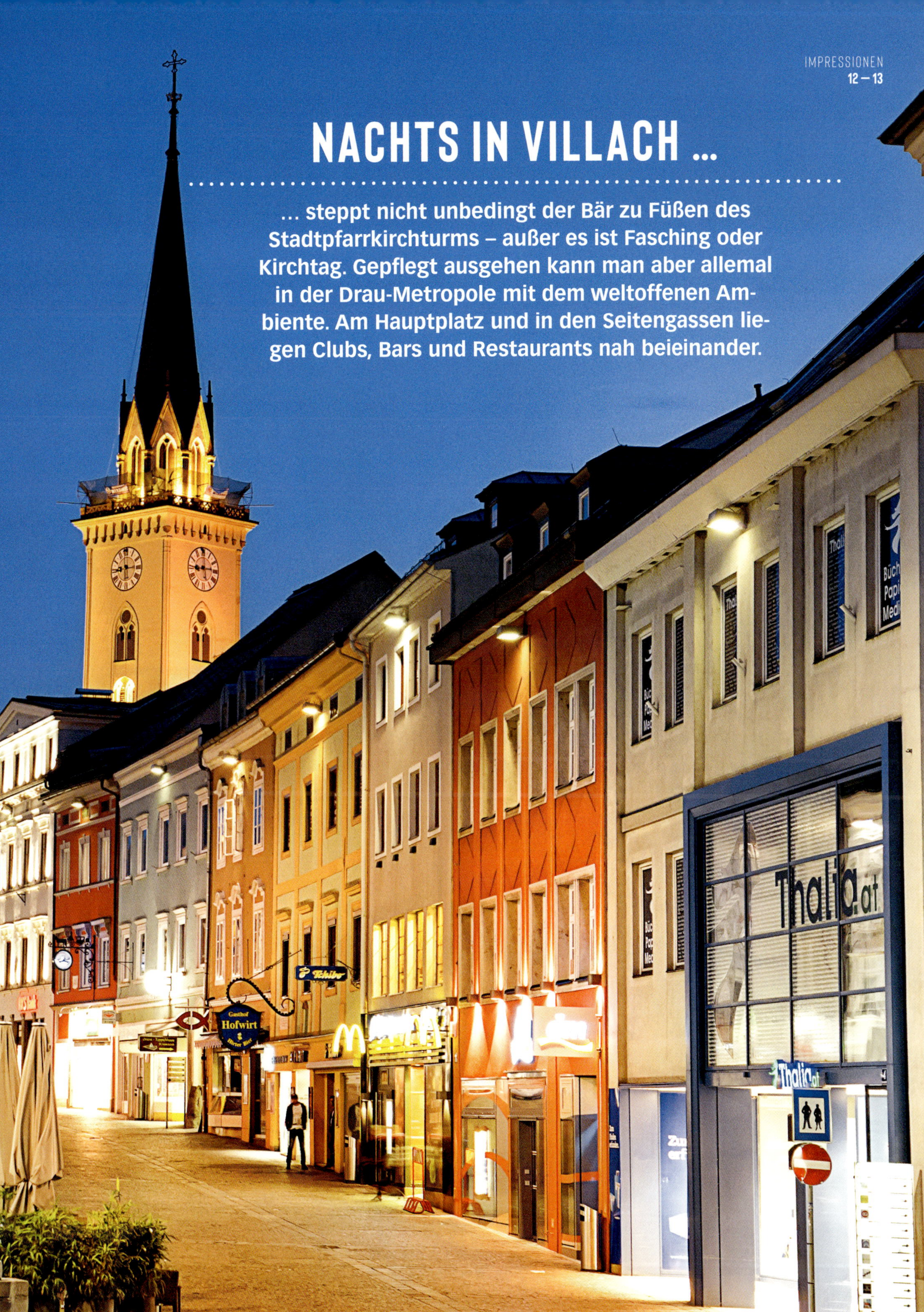

HEUT FAHR'N WIR ÜBERN SEE

Linienschifffahrt und Ausflugsboote sind in Kärnten von Mai bis Oktober auf allen Seen unterwegs. Kombinierte Schiffs-/Wandertouren, wie hier in Stockenboi am Weißensee, sorgen für den idealen Mix aus Seele baumeln lassen und Füße bewegen.

HEITERE ABENDE

»Theater der Freude« bieten die Komödienspiele Porcia im pittoresken Arkadenhof des berühmten Renaissanceschlosses in Spittal an der Drau.

WO ALPENROSEN BLÜHEN

Moore, sanfte Hügel und schroffe Berge prägen die Almlandschaft rund um den Zollnersee in den Karnischen Alpen. Leicht zu begehende Wege und Steige machen das Gebiet zu einem Eldorado für Genusswanderer und Familien.

AN DER GRENZE

Die Großglockner-Hochalpenstraße ist nicht nur für Radler, sondern auch für Motorradfahrer und bergunerfahrene Automobilisten eine Herausforderung. Eine kleine Stichstraße – hier im Bild – zweigt unterwegs zur Edelweißspitze ab, mit 2572 Metern der höchste Punkt der Strecke, der bereits auf Salzburger Gebiet liegt.

Die attraktivsten Themenpfade

STAUNEND WANDERN

Gehend den inneren Akku aufladen, das kann man in Kärnten mindestens so ausgiebig und variantenreich wie in warmen Gewässern baden oder Kunst und Kulinarik genießen. Dabei muss man nicht bloß in die Luft oder Landschaft gucken. Auf Lehrpfaden kann man auch trefflich den Wissenshorizont erweitern. Wir haben die reizvollsten für Sie ausgewählt.

1 Geo-Trail Karnische Alpen

Insgesamt fünf Lehrpfade führen die Besucher mit Hinweisschildern, geologischen Karten sowie 25 Panoramatafeln durch die etwa 500 Millionen Jahre lange, extrem turbulente Entstehungsgeschichte des Karnischen Alpenkamms. Hoch über dem Lesach-, dem Gail- und dem Gitschtal, verstreut über ein insgesamt 350 Quadratkilometer großes Gebiet, führen sie durch die Garnitzenklamm, auf das Nassfeld, zum Zollnersee, auf den Plöckenpass und – landschaftlich besonders atemberaubend – von der Valentinalm zum Wolayersee.

Gehzeit: 2,5–4 Std. pro Abschnitt (Runde); Info: Tel. 04282 31 31, www.geopark-karnische-alpen.at

2 Themenweg Kraftquelle Radegund

Der Erlebniswanderweg im Herzen des Lesachtals führt von St. Lorenzen bachaufwärts zum Kirchlein St. Radegund, das 1085 geweiht wurde und somit das älteste Bauwerk des Tales ist. Am Weg liegen ein altes Wasserkraftwerk, eine liebevoll restaurierte Mühle und die jahrhundertealte Dorfschmiede.

Gehzeit: ca. 1 Std. (Runde); Info: Tel. 04716 2 42 12, www.lesachtal.com

3 Kaninger Mühlenweg

Holzwassertröge, Kneippbecken, energetische Kraftplätze, Schautafeln und vor allem sechs um 1800 entstandene Flodermühlen säumen den gemütlichen Pfad, der – ausgehend vom Türkhaus in Kaning, oberhalb von Radenthein – durch den Rossbachgraben führt. Über zwanzig solcher Mühlen klapperten hier einst. Einige der sechs Exemplare, die von Kaninger Bürgern restauriert wurden, sind bis heute voll funktionstüchtig. In der Ranermühle wird im Sommer noch täglich Korn vermahlen, aus dem die Bäuerin dann das knusprigste Brot weit und breit backt. Am Grillplatz am Ende der drei Kilometer langen Wanderung darf es mit einer Frigga, einem deftigen Eintopf aus Käse, Speck, Eiern und Mais, verspeist werden.

Gehzeit: 1–2 Std. (Runde), 200 m Höhendifferenz; Info: Tel. 04246 78 78 0 (Tourismusverband Radenthein), Tel. 0676 785 43 40 (Türkhaus), www.muehlenweg-kaning.at

5 Feuchtwiesenwanderweg am Weißensee

Kaum eine Stunde benötigt man für den Feuchtwiesenlehrpfad von Techendorf nach Praditz, in der Westecke des höchstgelegenen Badesees des Landes. Es sei denn, die Idylle der Uferlandschaft verleitet zum längeren Verweilen an den Aussichtspunkten, was nur allzu leicht geschehen kann. Der Weg ist kinderwagen- und rollstuhltauglich, auch mit dem Fahrrad kann man die kurze Tour absolvieren. Übersichtlich gestaltete Schautafeln beschreiben an fünf Stationen die örtlichen Besonderheiten: das Wesen des Sees, Flora, Fauna der Mooswiesen und des Moores.

Gehzeit: 45 Min. (einfach); Info: Tel. 04713 22 20, www.weissensee.com

6 Lavanttaler Mostwanderweg

Als »Tal der Mostbarkeiten« bezeichnet sich der fruchtbare Landstrich rund um die Gemeinde St. Paul. Und tatsächlich ist der idyllische, 18 Kilometer lange Pfad durch die Region um das berühmte Kloster immer wieder von Apfel- und Birngärten gesäumt. In zahlreichen Schenken und Gasthöfen bekommt man zu deftigen Köstlichkeiten, etwa einer Brettljause, das süffige Lebenselixier der Region kredenzt. Start- und Endpunkt der Genusstour ist die Eisenbahnhaltestelle Granitztal in St. Martin.

Gehzeit: ca. 5 Std. (Runde), 300 m Höhendifferenz; Info: Tel. 04357 20 17

7 Arriacher Hofwanderweg

Durch das Herz der sanft ondulierten Region der Nockberge führt dieser ausgesprochen familientaugliche, zehn Kilometer lange Wanderweg. Unterwegs warten allerlei unterhaltsame Überraschungen, Zeugnisse uralter bäuerlicher Kultur sowie Labestationen mit einheimischen Spezialitäten.

Gehzeit: ca. 4 Std., 500 m Höhendifferenz; Info: Tel. 04247 85 14, www.arriach.gv.at

4 Gletscherweg Pasterze

Auch wenn Österreichs größter Gletscher bedrohlich dahinschmilzt – auf seinem Eispanzer zu stehen ist nach wie vor ein unvergessliches Erlebnis. Der trotz seines hochalpinen Ambientes einfach zu begehende und auch für Familien mit Kindern ab zehn Jahren bestens geeignete Naturlehrpfad – Trittsicherheit ist allerdings erforderlich – beginnt beim Glocknerhaus unmittelbar an der Panoramastraße, führt vorbei am Speicher Margaritzen und über den Elisabethfelsen, auf die Pasterze und, nach kurzer Fahrt mit der Gletscherbahn, bis zur Hofmannshütte. Von dort geht's retour zum (Bus-)Parkplatz auf der Franz-Josefs-Höhe.

Gehzeit: ca. 4 Std. (Runde), 400 m Höhendifferenz; Saison: Juli–Okt.; Info: Tel. 04824 27 00, www.nationalpark-hohetauern.at

32
PARFUMERIE

Klagenfurt und Wörthersee

*

KÄRNTENS HAUPTSTADT

*

Mit seiner herausgeputzten Altstadt und einem mediterran anmutendem Flair lädt Klagenfurt zum entspannten Flanieren, Shoppen, Schlemmen ein. Am angrenzenden Wörthersee wogt sommers das pralle Ferienleben.

Umgeben von Häusern und Palais aus dem 16. und 17. Jahrhundert, ist Klagenfurts Alter Platz den Fußgängern und Straßencafés vorbehalten.

Das mehr als hundert Jahre alte Stadttheater Klagenfurt ist das südlichste Theater im ganzen deutschsprachigen Raum.

»SOBALD EIN MENSCH ENDGÜLTIG SEINEN EINFLUSS VERLOREN HAT, SETZT MAN IHM EIN DENKMAL.«

Robert Musil

Fabelhafte Hauptstädte brauchen anscheinend fabelhafte Gründungsgeschichten. Im Fall von Klagenfurt reichen die Wurzeln tief in die Vorzeit zurück. In den Sümpfen, die einst weite Flächen am Ostufer des Wörthersees bedeckten, habe seinerzeit ein geflügeltes Untier gehaust, so die Sage. Ein schrecklicher Lindwurm, der das Vieh der Bauern verschlang und des Öfteren auch einen Hirten. Um dem ein Ende zu setzen, bauten beherzte Männer einen Turm und vertäuten daran einen Stier, dem sie einen mannshohen Widerhaken umgebunden hatten. Das Untier stürzte sich auf den Köder, verbiss sich darin und konnte erschlagen werden. Später avancierte der Lindwurm zum Wappentier; schon auf dem ältesten erhaltenen Stadtsiegel von 1287 ist er abgebildet. Seit Ende des 16. Jahrhunderts wacht er als zwölf Tonnen schwere Kreatur aus grauem Chloritschiefer über den Neuen Platz, Wasser speiend und – sicher ist sicher – von einem keulenbewehrten Herkules beaufsichtigt.

AUGENZWINKERNDE WIDERSPRÜCHE

Das Untier als stolz präsentiertes Wahrzeichen ist freilich nicht der einzige Widerspruch in Österreichs südlichster Landeshauptstadt. So übersiedelte etwa der als großer Sohn der Stadt gefeierte Romancier Robert Musil bereits im zarten Alter von elf Monaten aus seinem Geburtshaus in der Bahnhofstraße, das heute ein sehenswertes Literaturmuseum beherbergt, mit seinen Eltern nach Böhmen. Ingeborg Bachmann hingegen, die große Schwierige der deutschsprachigen Nachkriegsliteratur und Namenspatronin des angesehenen Dichterpreises, verlebte hier zwar tatsächlich ihre Jugend. Doch kehrte sie der von ihr betont distanziert als »K.« bezeichneten Geburtsstadt, deren »Verlockungen zu gering waren«, schon früh für immer den Rücken. Die spätere Geliebte von Paul Celan, Hans Werner Henze und Max Frisch mag 1945 als Neunzehnjährige gute Gründe dafür gehabt haben. Ein Lokalaugenschein in der Gegenwart würde aber selbst sie positiv überraschen.

SÜDLÄNDISCHE LEICHTIGKEIT

Wer heute durch das historische Zentrum bummelt, entdeckt – zumal im Sommer eine äußerst lebensfrohe urbane Schönheit; Österreicherin durch und durch, versetzt mit einem gehörigen Schuss Italianità und einer belebenden Prise slowenischer Würze. Der Benediktinermarkt schillert, duftet und schmeckt so bunt, als läge er nicht nördlich, sondern südlich der Karawanken. Und auch sonst verströmt Klagenfurt als Einkaufs-

Im Klagenfurter Landhaus hat der Kärntner Landtag seinen Sitz. Der große Wappensaal gibt Festakten und Empfängen einen feierlichen Rahmen.

Der Alte Platz ist das historische Herz Klagenfurts. Richtung Westen lassen die Häuser, die den Platz einrahmen, ein »Guckloch« offen zur Heiligengeistkirche mit ihrem zwiebelbehelmten Turm.

Der Benediktinermarkt in Klagenfurt steht dem berühmten Lebensmittelmarkt von Ljubljana kaum nach, was die Qualität der hier feilgebotenen Früchte, des Gemüses und des Meeresgetiers anbelangt.

Das »Bierhaus zum Augustin« mit heimeligem Innenhof und süffigem Hausgebrautem ist ein beliebter Treff bei der Stadtpfarrkirche St. Egid.

Auf dem Dr.-Arthur-Lemisch-Platz wurde Herzog Bernhard von Spanheim ein Denkmal gesetzt. Die von ihm beim heutigen Alten Platz gegründete Siedlung erhielt schon 1252 das Stadtrecht.

»Gesang« heißt der Brunnen im Landhauspark, mit dem Kiki Kogelnik einen heiteren Gegenpol zum Lindwurmbrunnen schaffen wollte. Die Kärntner Künstlerin starb 1997 kurz vor der Fertigstellung.

stadt ganz eigene Reize. Eine erfreuliche Vielfalt alteingesessener Läden, Boutiquen, Ateliers und Handwerkstätten leistet dem Druck der Supermärkte und Shoppingmalls wacker Widerstand. Im Stadtkern locken Palais mit reich verzierten Fassaden aus Renaissance und Barock, der Gründerzeit und der Ära des Jugendstils zum Flanieren. Alles erstrahlt, sorgsam renoviert, in einem Potpourri warmer Pastellfarben. Zudem ist ein Gutteil der Innenstadt rund um den Alten Platz autofrei. Die Kramergasse darf sich sogar rühmen, 1961 zur österreichweit ersten Einkaufs-Fußgängerzone erklärt worden zu sein.

Der Wunsch, das alles einmal aus der Vogelperspektive zu betrachten, ist allzu verständlich und leicht erfüllbar. Man braucht bloß den Turm der Hauptpfarrkirche St. Egid zu besteigen. Auf der fünfzig Meter hohen Aussichtsplattform hat man das Stadtherz wie auf dem Servierbrett unter sich liegen: quadratisch, wie es die Baumeister der Renaissance vor rund 400 Jahren nach italienischer Manier anlegten, mit weiten Plätzen, dem Landhaus und dem Dom als repräsentativen Blickfängen, eingefasst von der Ringstraße, deren Trasse exakt dem rechtwinkligen Verlauf der 1809 von den abziehenden napoleonischen Truppen gesprengten Stadtmauer folgt.

Ingeborg-Bachmann-Preis

Um die Wette lesen

Das Robert-Musil-Museum zeigt auch eine ständige Ausstellung zu Ingeborg Bachmann.

Die Stadt, in der Robert Musil und Ingeborg Bachmann geboren wurden, Peter Handke zur Schule ging und sich der berühmte amerikanisch-französische Romancier Julien Green begraben ließ, mutiert alljährlich für eine kurze Zeitspanne zum Brennpunkt der bücherinteressierten Welt.

Im Rahmen der »Tage der deutschsprachigen Literatur«, die in Klagenfurt immerhin seit 1977 abgehalten werden, liest ein gutes Dutzend junger Autoren aus unveröffentlichten Texten. Im Anschluss fällt eine prominent besetzte Jury ihr Urteil und erkennt dem vermeintlich Besten den Ingeborg-Bachmann-Preis zu.

Der Wettbewerb, zu dessen bisherigen Gewinnern so illustre Autoren wie Sten Nadolny, Jürg Amann, Friederike Roth, Reto Hänny, Uwe Tellkamp, Lutz Seiler und Maja Haderlap zählen, wird Ende Juni stets in seiner gesamten Länge live auf 3sat übertragen. Er kann aber von jedermann auch vor Ort, aus den Reihen des Saalpublikums, verfolgt werden.

Nostalgische Sommerfrische im denkmalgeschützten »Werzer's Badehaus« in Pörtschach, Highlife am Veldener (See-)Corso …

… oder unbeschwerter Badespaß im Klagenfurter Strandbad – der Wörthersee hat für jeden Geschmack etwas zu bieten.

Ein Schloss am Wörthersee: Schloss Velden – ab den 1950er-Jahren als Filmkulisse gern genutzt und zeitweise im Besitz von Gunther Sachs – beherbergt heute das »Falkensteiner Schlosshotel Velden«.

DAS PRIVILEG DER FREIHEIT

Worauf das heitere, heimelige Flair von Kärntens Hauptstadt gründet? Gewiss spielt das fast schon mediterrane Klima eine Rolle. Und gewiss sorgt die geringe Größe mit gerade einmal 100000 Einwohnern für Überschaubarkeit. Auffallend ist aber auch die niedrige Bebauung, das Fehlen pompöser Paläste, die anderswo dem Stadtbewohner seine Bedeutungslosigkeit vor Augen führen. Kärnten zählte zwar zu den ältesten Erblanden der Habsburger, seine Hauptstadt war jedoch nie Residenz und eine Hocharistokratie nie darin heimisch.

Über Jahrhunderte hatte der im Hochmittelalter an der Kreuzung zweier zentraler Fernstraßen gegründete Markt floriert. 1514 aber äscherte ein Brand die Stadt fast komplett ein, worauf Kärntens Stände den Kaiser baten, ihnen die Ruinen zum Wiederaufbau zu überlassen. Da sich ein Herrscher, der Abgaben erhob, auch am Aufbau hätte beteiligen müssen, kam Maximilian I. dem Begehr bereitwillig nach. Freilich verloren durch den 1518 erteilten »Gabbrief« die arrivierten Bürger all ihre Privilegien. Fortan durfte sich jedermann, welchen Standes und welcher Nation auch immer, in Klagenfurt niederlassen, frei Handel treiben oder ein Handwerk ausüben – in einer Zeit strengster Zunftordnungen ein unerhörtes Zugeständnis. Arbeitswillige aus halb Europa wanderten zu, und die wie Phönix aus der Asche auferstandene, alsbald zur modernsten Festung der Region ausgebaute und von ihren Bürgern selbstverwaltete Stadt wurde zu einem Schmelztiegel der Völker.

WELTREISE IM KLEINFORMAT

Noch internationaler zeigt sich die Metropole heute draußen im Westen, am Lendkanal. Wandert man die idyllische Wasserstraße entlang, auf der einst Holz und Getreide bis vor das Stadttor befördert wurden und heute ein Solarboot Ausflügler hinaus auf den See, nach Loretto und zur Villa Lido schippert, grüßt einen über die Baumwipfel hinweg

»ZWISCHEN VERGNÜGUNGEN UND VERGNÜGEN BESTEHT EIN GROßER UNTERSCHIED. ICH JEDENFALLS HABE SELTEN VERGNÜGEN AN SOGENANNTEN VERGNÜGUNGEN GEHABT.«

Gustav Mahler (1860–1911)

Grenzenloses Wassersportvergnügen garantiert Kärntens größter See. Zur Ruhe kommen kann man bei einer Wanderung am Südufer, an dem sich schon seit 1155 die Pfarrkirche Maria Wörth über dem Wasser erhebt.

Wörthersee von oben: Den Überblick behält man auf dem Pyramidenkogel mit seinem 2013 eröffneten Holzaussichtsturm.

plötzlich der Eiffelturm. Ist man bereit, ein paar Euro zu berappen, stößt man bald auf den Tadsch Mahal; dahinter ragen Schloss Neuschwanstein, Big Ben, Sydney Opera und Wiens Stephansdom in den Himmel. Insgesamt 156 Baudenkmäler aus über vierzig Ländern sind da auf einem 2,6 Hektar großen Gelände versammelt, jedes Gebäude im Maßstab 1:25 nach den Originalplänen errichtet. Das aufwendigste ist der Petersdom, in dem unglaubliche 40 000 Arbeitsstunden stecken. An die zwanzig Millionen Besucher hat Minimundus, die »kleine Welt am Wörthersee«, seit der Eröffnung 1958 auf eine unterhaltsame Entdeckungsreise durch das architektonische Erbe der Menschheit mitgenommen – und mit dem Reinerlös den gemeinnützigen Verein »Rettet das Kind« finanziert.

KÄRNTENS RIVIERA EINST UND HEUTE

Auch am nahen Wörthersee ist die weite Welt zu Hause. Gleich nach der Eröffnung der k. u. k. Südbahn 1864 hatten betuchte Bürger, Adelige und Künstler aus der Kaiserstadt Wien sich hier reihenweise prächtige Villen und Schlösschen gebaut. Zugleich entstanden Hotels und öffentliche Badeanlagen. Zeugnisse der romantisch-verspielten Sommerfrische-architektur mit Giebelchen und Erkerchen prägen nach wie vor das Uferbild.

Zu Zeiten des Wirtschaftswunders in den 1950er-Jahren hielt dann am größten Kärntner Badesee die internationale, vor allem bundesdeutsche Schickeria Einzug. Die Gästebücher der Luxushotels von damals lesen sich wie ein Who's who des echten wie auch des Geld- und Zelluloidadels. Im Gefolge der Wörthersee-Filme aus der Pettycoat-Ära und später des TV-Serienhits »Ein Schloss am Wörthersee« tummelten sich auf dem Monte-Carlo-Platz in Pörtschach und vor dem Veldener Casino bald auch massenweise Tagestouristen in der Hoffnung, einen Blick auf Roy Black, Peter Alexander oder Gunter Sachs zu erhaschen. Inzwischen gibt sich die Mehrheit der millionenschweren Gäste deutlich diskreter und urlaubt bevorzugt hinter den hohen Zäunen ihrer weitläufigen Uferanwesen. Für das gemeine Ferienvolk ist der Kalender in der Saison weiterhin dicht gefüllt. Body-Painting-Festivals, Weiße Nächte, Oldtimerkorsos, Schlagertanzabende und, als Top-Publikumshit, das World-Tour-Beachvolleyball-Turnier garantieren permanent »fun« und »kick«.

VERGLEICHSWEISE BESCHAULICH NIMMT SICH DAS SÜDUFER AUS.

REFUGIUM FÜR KOMPONISTEN

Vergleichsweise beschaulich nimmt sich daneben das Südufer aus, wenn dort nicht gerade im Frühsommer Abertausende Golf-GTI-Fahrer die Reifen rauchen lassen. Hier liegt nicht nur das Wahrzeichen des Sees, die Ansichtskartenidylle schlechthin: das Kirchlein Maria Wörth. Hier versprechen über die gesamten 16,5 Kilometer Seelänge stille Buchten und waldige Landzungen Erholung. Diese Ruhe bewog schon in den touristischen Pionierjahren zahlreiche Künstler, sich sommers vor Hitze und Hektik der Städte hierher zu flüchten – zur Freude heutiger Fremdenverkehrswerber auch drei hochberühmte Komponisten: Alban Berg, der in den frühen 1930er-Jahren im Auener Waldhaus bei Velden mit dem Violinkonzert und der Oper »Lulu« zwei seiner bedeutendsten Werke schuf; Gustav Mahler, dessen Komponierhäuschen in Maiernigg heute jedermann zur Besichtigung offen steht; und Johannes Brahms, der auf Schloss Leonstain in Pörtschach domizilierte und am liebsten am Strand des noch heute existierenden Werzer-Badehauses in die Fluten stieg. Brahms war es auch, der 1878 in einem Brief schwärmte: »Ja, der Wörthersee ist ein jungfräulicher Boden. Da fliegen die Melodien, dass man sich hüten muss, keine zu zertreten.«

Die schönsten kleineren Badeseen

BLAU-GRÜNE JUWELEN

In Kärnten gibt es mehr als 1200 stehende Gewässer. Viele davon laden im Sommer mit angenehm warmen Temperaturen und Trinkwasserqualität zum Sprung ins erfrischende Nass. Wir stellen Ihnen hier ein paar feine, kleine Badeseen abseits der überlaufenen Strandbäder vor – von türkisgrün bis alpinblau.

1 Keutschacher See

Der Keutschacher See, der sich an den Fuß des Pyramidenkogels schmiegt, erwärmt sich im Frühjahr rasch und wird im Sommer über 25 Grad warm. Wer sich weder vom schlammigen Boden noch von den FKK-Campern auf der Südseite abschrecken lässt, kann hier zwischen ausgedehnten Seerosenbeständen herrliche Badestunden im geschichtsträchtigen Wasser verbringen. 1864 wurde mitten im See eine Pfahlbausiedlung aus der Jungsteinzeit entdeckt, die mittlerweile zum UNESCO-Welterbe zählt.

www.keutschach.gv.at

2 Pressegger See

Der bis zu 28 Grad warme Pressegger See wird gern als Badewanne des Gailtals bezeichnet. Perfekt zum Planschen: Kinder können sich im »1. Kärntner Erlebnispark« austoben und neue Funsportarten ausprobieren. Ruhesuchende brauchen nur ein kleines Stück dem Spazier- und Radweg durch das Schilf zu folgen, um ein stilles Plätzchen in der Natur zu finden.

www.nassfeld.at

3 Weißensee

Das Wasser ist warm, glasklar und glitzert türkisfarben in der Sonne. Eine Schwimmrunde im naturbelassenen Weißensee ist ein unvergessliches Erlebnis mitten in den Bergen. Das Idyll liegt nämlich auf 930 Meter Höhe. Tipp: eine Fahrt mit dem Linienschiff »MS Alpenperle« einplanen, dem derzeit modernsten Elektro-Hybrid-Fahrgastschiff Europas.

www.weissensee.com

4 Turracher See

Zwischen Lärchen und Zirben ist der Turracher See auf dem sonnigen Almplateau der gleichnamigen Höhe zu finden, an der Grenze von Kärnten zur Steiermark. Hier wird auf 1763 Meter Höhe das ganze Jahr über gebadet, denn das Hotel Hochschober beheizt einen Teil des Sees und sorgt so bei jedem Wetter für eine Wohlfühltemperatur von 28 Grad. Ein Rundweg führt zum noch kleineren Grünsee oder zum Schwarzsee.

www.turracherhoehe.at

5 Brennsee

Zwischen dem Wöllanernock und dem Mirnock liegt der Brenn- oder Feldsee, malerisch in das Wandergebiet der Nockberge eingebettet. Wie bei den meisten Kärntner Badeseen hat das (gar nicht so) kühle Nass Trinkwasserqualität und ist zudem besonders weich und kalkarm. Beschauliche Entspannung suchen – und finden – die Gäste hier. Nur Mitte August wird es etwas turbulenter, wenn man in Feld am See das kulinarische Fischfest feiert. Sechzehn verschiedene Speisefischarten tummeln sich im See, der für reiche Erträge der Fischer und fangfrische Schmankerl auf den Speisekarten der Gasthäuser sorgt. Rings um den See warten drei Strandbäder mit bester Infrastruktur auf. Den Wind im Gegendtal schätzen Surfer und Segler. Nicht weit entfernt liegt der Afritzer See als »Zwilling« des Brennsees. Früher waren die beiden eins, aber ein riesiger Felssturz trennte die Gewässer, die sich noch heute sehr ähnlich sehen.

www.seeundberg.at/urlaub-am-see/brennsee/

6 Längsee

Einen der schönsten Ausblicke auf das Stift St. Georgen hat man beim Schwimmen im Längsee. Der Badesee in der Nähe von St. Veit an der Glan hat ein Strand- und ein Schlossbad sowie einen FKK-Naturstrand. Der Rest vom Ufer ist weitgehend naturbelassen.

www.laengsee hochosterwitz.at

7 Klopeiner See

Von der belebten Promenade geht es, flankiert von Seerosen, direkt auf die Holzbrücken des Klopeiner Sees, auf denen Liegestuhl, Sonnenschirm und Tretboot warten. Bereits im 19. Jahrhundert kamen Sommerfrischler hierher, um sich von ihren Lungenleiden zu erholen. Heute genießen die Urlauber die gewachsene touristische Infrastruktur und das Wasser, das oft schon im Mai badefreundliche 22 Grad aufweist und sich im Sommer ganz natürlich auf bis zu 29 Grad erwärmt – ein Paradies für Wasserratten.

www.klopeinersee.at

Kreuzbergl
Maßstab 1:19.000
0
400m
XII
ST. Martin
St. Martin
Freyenthurn
Anschlussstelle Klagenfurt-Wörthersee
VIII
Villacher Straße
Lendkanal
Europapark
Strandbad
Klagenfurt-See
Seebühne
Minimundus
Reptilienzoo Planetarium
Alpen-Adria Universität Klagenfurt
Kanaltaler-Siedlung
Friedhof St. Martin
Lendl
Viktringer Ring
Jaksch-Straße
Waidmannsdorfer Str.
Florian-Gröger-Str.
Messegelände
Klagenf. Hbf.
Völkermarkter Str.
Schlachthofstr.
Kreuzbergl
KLAGENFURT
am Wörthersee
ANNABICHL
ST. GEORGEN
ST. PETER
ST. MARTIN
ST. RUPRECHT
Ebenthal in Kärnten
Krumpendorf am Wörthersee
Maria Wörth
Pyramidenkogel
Keutschach am See
Pörtschach am Wörther See
Moosburg
Velden am Wörther See
Techelsberg
Schiefling am Wörthersee
Rosegg
VIKTRING
Maßstab 1:120.000
0
2
4km

HAUPTSTADT AM SEE

Mit knapp 100 000 Einwohnern ist Klagenfurt die größte Stadt Kärntens. Von hier aus werden die politischen Geschicke des Landes gelenkt, und alles was Rang und Namen hat, trifft sich in der bezaubernd bunten Altstadt, die nur einen Katzensprung vom Ferienparadies Wörthersee entfernt ist.

1 – 18 Klagenfurt

An der sumpfigen Furt über den Fluss Glan, wo einst der Legende nach *klaga*, mystische Totenfrauen, ihr Unwesen trieben, gründete vermutlich Ende des 12. Jh. ein Herzog Hermann von Spanheim einen Markt. Strategisch geschickt gelegen, entwickelte sich die Siedlung im Lauf der Jahrhunderte zu einer ansehnlichen Stadt.

SEHENSWERT/MUSEEN

Das Zentrum der **Altstadt TOPZIEL** bildet der 1 **Neue Platz** mit dem Lindwurmbrunnen, dem Wahrzeichen der Stadt. Das Sagentier teilt sich den Standort mit einer Herkules-Statue, dem Maria-Theresia-Denkmal und dem Rathaus. Hier beginnt eine weitläufige Fußgängerzone, die über die Kramergasse vorbei am Wörtherseemandl zum 2 **Alten Platz** führt. Prachtfassaden und Palmen verbreiten mediterranes Flair. Doch bevor man sich in einem der Innenhofcafés niederlässt, sollte noch der Turm der 3 **Pfarrkirche St. Egid** (Pfarrhofgasse 4; tgl. 8.00–19.00, Turm April–Okt. Mo.–Fr. 10.00 bis 17.30, Sa. bis 12.30 Uhr) erklommen werden. Zurück am Boden lohnt sich ein Abstecher zur 4 **Stadtgalerie** (Theatergasse 4, www.stadtgalerie.net; Di.–So., Fei. 10.00–18.00 Uhr) und dem 5 **Landhaus** mit Wappensaal (Landhaushof 1, www.landesmuseum.ktn.gv.at; April–Okt. Mo.–Sa. u. Fei 10.00–16.00, Juli, Aug. bis 17.00, Nov.–März Di., Sa., Fei. 10.00–16.00 Uhr). Eine Pause kann man sich am 6 **Heiligengeistplatz** im Schatten des Kiki-Kogelnik-Brunnens oder am 7 **Benediktinerplatz,** im kulinarischen Herzen der Stadt, gönnen. Von dort ist es nicht weit zur 8 **Domkirche St. Peter und Paul** (Karfreitstr.; tgl. 7.00–17.00, So. 9.00 bis 20.00 Uhr).

Das 9 **Landesmuseum** (Museumgasse 2, www.landesmuseum.ktn.gv.at; Di.–So. 10.00–18.00, Do. bis 20.00 Uhr) gibt Einblick in die Natur, Kultur und Geschichte der Region. Kunstinteressierte kehren im 10 **Museum Moderner Kunst** ein (Burggasse 8, www.mmkk.at; Di.–So. 10.00–18.00, Do. bis 20.00 Uhr), das Wechselausstellungen zeitgenössischer Künstler zeigt. Literaturfreunde gehen die Bahnhofstraße entlang zum 11 **Robert-Musil-Literaturmuseum** (Bahnhofstr. 50, www.musilmuseum.at; Mo.–Fr. 10.00–17.00 Uhr). Das Geburtshaus des berühmten Romanciers ist den bedeutenden Schriftstellern des Landes gewidmet, darunter auch Ingeborg Bachmann und Christine Lavant. Vom Zentrum führt ein Rad- und Spazierweg entlang des 12 **Lendkanals** zum Wörthersee. Dabei kommt man am Kreuzbergl mit 13 **Botanischem Garten** (www.landesmuseum.ktn.gv.at) und am 14 **Europapark** vorbei, beides beliebte Naherholungsgebiete der Einheimischen. 15 **Minimundus** (Villacher Str. 241, www.minimundus.at; Ende März, Okt., Nov., 9.00–18.00, Mai, Juni, Sept. bis 19.00, Juli, Aug. bis 20.00 Uhr) lädt mit nachgebauten Modellen zu einer Reise rund um die Welt ein, während man im 16 **Planetarium** (Villacher Str. 239, Tel. 0463 2 17 00; April–Okt. ab 12.00 Uhr) zu den Sternen fliegt oder im 17 **Reptilienzoo Happ** (Villacher Str. 237, www.reptilienzoo.at; Sommer 9.00–18.00, Winter bis 17.00 Uhr, Nov. geschl.) exotische Tiere entdeckt. Mitten im Wald kann das 18 **Komponierhäuschen** von Gustav Mahler (Strandbad Maiernigg, Süduferstr., Tel. 0463 5 37 25 72; Mai–Okt. Do.–So. 10.00–13.00 Uhr) besichtigt werden.

Minimundus mit Stephans- und Petersdom; Klagenfurts Altes Rathaus; Lindwurmbrunnen

AKTIVITÄTEN

Eine Rundfahrt mit den Schiffen der **Wörthersee-Flotte** (Friedelstrand 3, www.woerthersee schifffahrt.at) entschleunigt. Auch der **Ironman Austria Triathlon** (Ende Juni/Anf. Juli) lässt sich von Bord aus wunderbar beobachten.

UNTERKUNFT

Das **€€ Seeparkhotel** (Universitätsstr. 104, Tel. 0463 2 04 49 90, www.dasseepark.at) punktet mit Seenähe, Service, zeitgemäßer Architektur und nahem Autobahnanschluss. In der Innenstadt liegen das **€€ Hotel Moser Verdino** (Jacques-Lemans-Platz 2, Tel. 0463 89 02 00, www.select-hotels.com) und das **€€ Hotel Sandwirth** (Pernhartgasse 9, Tel. 0463 5 62 09, www.sandwirth.at) sehr zentral.

RESTAURANTS

Die **€ Pumpe** (Lidmanskygasse 2, Tel. 0463 5 71 96, www.beim-pumpe.at; So. geschl.) ist eine kulinarische Institution für alle, die Deftiges und Bier lieben. Das **€€ Bierhaus Zum Augustin** (Pfarrhofgasse 2, Tel. 0463 51 39 92; So. geschl.) setzt auf moderne Hausmannskost und selbst gebrautes Bier. Im **€€€ Maria Loretto** (Lorettoweg 54, Tel. 0463 2 44 65, www.restaurant-maria-loretto.at; Mo., Di. außer Fei. geschl.) wird auf Balkon oder Terrasse frischer Fisch aus dem See serviert.

NACHTLEBEN
Nachtschwärmer tanzen im **Stereo** (Viktringer Ring 37/39; Fr., Sa. 18.00 bis ca. 2.00 Uhr) oder verbringen einen anregenden Abend im **Stadttheater Klagenfurt,** einem qualitätvollen Drei-Sparten-Haus (Theaterplatz 4, Tel. 0463 5 40 64 www.stadttheater-klagenfurt.at).

EINKAUFEN
Die **City Arkaden** sind das größte Einkaufszentrum der Stadt. Wer Freiluftshopping bevorzugt, bummelt in der Fußgängerzone zwischen Heuplatz und Neuem Platz. Etwas abseits davon liegt das **Atelier Erbstücke** (Viktringer Ring 22, www.erbstücke-seebacher.at) für Trachtenliebhaber. Feinschmecker zieht es zu **Delikatessen Jäger** (Radetzkystr. 40, www.delijaeger.com).

INFORMATION
Klagenfurt Tourismus, Neuer Platz 5, A-9020 Klagenfurt, Tel. 0463 28 74 63, www.visitklagenfurt.at

19 Krumpendorf

Bereits die Römer schätzten die Lage von Krumpendorf (3500 Einw.) und richteten eine Poststation mit Seebad ein. Inzwischen ist der Kur- und Badeort ein beliebtes Wohngebiet mit vielen hübschen Wörtherseevillen.

Welt der Tasten

Was wären all die berühmten Rockbands ohne ihre Keyboarder? Wahrscheinlich recht langweilig, das wird einem beim Schlendern durch das Eboardmuseum klar. 1987 gründete Gert Prix das weltweit erste Museum für elektronische Tasteninstrumente. Inzwischen ist die Ausstellung auf über 1700 Exponate gewachsen und zeigt eine etwas andere Art der Musikgeschichte. Es gibt regelmäßig Livekonzerte auf der eigenen Bühne, und auch Ausprobieren ist erlaubt.

April–Okt. tgl., Nov.–März Mi.–So. 14.00 bis 19.00 Uhr, Sa. nur mit Anm.; Florian-Gröger-Str. 20, Klagenfurt, Tel. 0699 19 14 41 80, www.eboardmuseum.com

Seilrutsche auf Pyramidenkogel; Schlosshotel Velden; Wörthersee-Schifffahrt in Klagenfurt

Ein tadelloses Mittelklassequartier ist – neben einem Naturschutzgebiet direkt am See gelegen – das **€€ Strandhotel Habich** (Walterskirchenweg 10, Tel. 04229 2607, www.strandhotelhabich.at). Mit zwei Liegewiesen am eigenen Badestrand, Tennisplätzen und Hallenbad sowie einem Restaurant mit Terrasse.

INFORMATION
Tourismusbüro Krumpendorf, Hauptstr. 145, A-9201 Krumpendorf, Tel. 04229 23 43 30, www.krumpendorf.gv.at

20 Pörtschach

Mitte des 19. Jh. war Pörtschach (2700 Einw.) ein beschauliches Bauern- und Fischerdörfchen. Mit dem Ausbau der Südbahn kamen die ersten prominenten Sommerfrischler, und der Ort blühte auf. Der mondäne Charme von einst spiegelt sich in den herrschaftlichen Villen wider, die Halbinsel und Promenade säumen.

UNTERKUNFT
Das **€€€ Werzer's** (Werzerpromenade 8, Tel. 04272 2 23 10, www.werzers.at) gilt als Tourismuspionier am Wörthersee. Die historische Badeanlage aus dem 19. Jh. wurde in ein helles Badehaus verwandelt.

UMGEBUNG
Nur 5 km nördl. von Pörtschach liegt **Moosburg** zwischen idyllischen Teichen und Wäldern. An die auf die Karolinger zurückgehenden Wurzeln des Ortes erinnert ein Museum (Krumpendorfer Str. 3, Tel. 04272 8 36 24; Mitte Juni–Mitte Sept. Mo.–Sa. 10.00–12.00, 15.30–18.30 Uhr, So. nur vorm.) präsentiert und beim Arnulfsfest (Juli) gefeiert. Im Schloss Moosburg (Schloss 1, Tel. 0664 88 67 61 22, www.schloss-moosburg.at) kann man herrschaftlich nächtigen.

INFORMATION
Pörtschach Tourismus, Werzerpromenade 1, A-9210 Pörtschach, Tel. 04272 23 54, www.poertschach.at

21 Velden

In der malerischen Bucht ließ 1590 Bartholomäus Khevenhüller, der Burggraf von Klagenfurt, ein Lustschloss errichten. Im 20. Jh. lockte der Renaissancebau viel Prominenz an den See. Gemeinsam mit Schloss Reifnitz, dem Hotel Carinthia oder der Villa Miralago in Pörtschach zählt er zur sogenannten Wörtherseearchitektur. Nochmals gesteigert wurde die Bekanntheit durch die TV-Serie »Ein Schloss am Wörthersee«. Heute ist das Lustschloss ein Luxushotel. Nach wie vor flanieren Gäste auf der Promenade von **Velden TOPZIEL** (9000 Einw.) und frönen dem Jetsetleben.

UNTERKUNFT
Das **€€€€ Schloss Velden** (Schlosspark 1, Tel. 0427 45 20 00, www.falkensteiner.com) zählt zu den edelsten Unterkünften am See. Wer modernes Design mag, quartiert sich im **€€€ Rocket Rooms** (Koschatpromenade 2, Tel. 04274 5 07 77, www.rocket-rooms.at) ein.

RESTAURANTS, NACHTLEBEN
Gutbürgerlich aufgetischt wird oberhalb des Ortszentrums im **€€€ Landhaus Kutsche** (Göriacher Str. 2, Tel. 04274 29 46, www.landhaus-kutsche.at; außer Saison Di./Mi. geschl.). Der Steakkönig vom See ist **€€€ Goritschnigg** (Seecorso 6, Tel. 04274 24 75, www.goritschnigg.com; außer Saison nur beschränkt geöffn.) mit eigener Fleischerei. Abends gehört ein Absacker

»DER WÖRTHERSEE HAT SICH GEWANDELT. ALLES IST LAUTER UND SCHRILLER GEWORDEN.«

UDO JÜRGENS (GEB. 1934 IN KLAGENFURT, GEST. 2014 IN DER SCHWEIZ)

im **€€€€ Casino Velden** (Am Corso 17, www.velden.casinos.at) dazu.

INFORMATION
Veldener Tourismus, Villacher Str. 19, A-9220 Velden, Tel. 04274 21 03, www.woerthersee.com/velden/

22 Maria Wörth

Bereits 830 wurde Maria Wörth (1500 Einw.) urkundlich erwähnt. Die spätgotische Pfarrkirche thront auf einem Felsen auf der Halbinsel und wird gern von Wallfahrern besucht. Auch die Fresken der Winteroder Rosenkranzkirche aus dem 15. Jh. sind sehenswert.

VERANSTALTUNGEN
In der Wallfahrtskirche finden im Sommer **Kirchenkonzerte** statt (Juli–Anf. Sept. Di. 20.30 Uhr). Am 15. Aug. wird die **Marienschiffsprozession** mit Kirchtag und Feuerwerk gefeiert.

UNTERKUNFT
Das **€€€€ Hotel Vivamayr** (Seepromenade 11, Tel. 04273 3 11 17, www.vivamayr.com), das **€€€ FX Mayr Health Center** (Golfstr. 2, Tel. 04273 25 11, www.original-mayr.com) und das **€€ Haus der Gesundheit** (Seenstr. 50, Reifnitz, Tel. 04273 32 38, www.schulz.at) sind auf Mayr-Medizin spezialisiert.

UMGEBUNG
Auf dem Pyramidenkogel südwestlich von Maria Wörth erhebt sich der höchste **Holzaussichtsturm** TOPZIEL der Welt mit einer Aussichtsplattform auf 70 m Höhe. Mit dem »Fly-100«, einer 100 m langen Seilrutsche, gelangt man wieder auf den Boden zurück (www.pyramidenkogel.info).

INFORMATION
Tourismusinformation Maria Wörth, Seepromenade 5, A-9082 Maria Wörth, Tel. 04273 2 24 00, www.maria-woerth.info

23 Viktring

1142 gründete Graf Bernhard das Zisterzienserkloster in Viktring, das bis zur Aufhebung 1786 eines der reichsten Klöster in Kärnten war. Heute beherbergt das Stift ein Kunst- und Musikgymnasium. Romantiker kommen bei einem Spaziergang rund um die Stiftskirche und durch den Stiftspark auf ihre Kosten. Seit 1973 ist Viktring (8400 Einw.) ein Stadtteil von Klagenfurt.

VERANSTALTUNG
Im Juli findet im Stift das **Musikforum Viktring** statt, ein Festival für Klassik und Jazz (www.musikforum.at).

INFORMATION
Klagenfurt Tourismus, Neuer Platz 5, A-9020 Klagenfurt, Tel. 0463 28 74 63, www.visitklagenfurt.at

RADPARTIE: VON DER STADT ZUM SEE

Klagenfurts südländischer Charme ist legendär, und speziell sein verkehrsbefreiter Kern ein wunderschönes Revier für Stadtflaneure. Irgendwann aber hat selbst der begeistertste Spaziergänger genug Pflastersteine unter den Füßen gehabt, genug Kunst und zwischendurch auch Koffein getankt. Es gelüstet nach Natur – Grün, offenem Wasser, nach sportlicher Aktivität. In diesem Fall hält die städtische Tourismusbehörde das Richtige parat.

In ihrem Info-Büro auf dem Neuen Platz kann man sich für wenige Euro einen Drahtesel leihen. Und in einer gemütlichen Halbtagestour hinaus radeln an den Wörthersee. Die Fahrt geht, vorbei an Landhaus und Stadttheater, entlang der Radetzkystraße Richtung Nordwesten. An deren Ende führt ein Abstecher zum Botanischen Garten und hinauf zur Kreuzberglkirche. Für das allfällige kurze Kneifen in Knie und Wade wird man mit einem die Seele weitenden Blick über die Stadt und vielleicht auch einer Stärkung im Gasthaus Schweizerhaus belohnt.

Ziele der Tour: Kreuzberglkirche und Gustav Mahlers Komponierhäuschen

Hernach geht es das Kreuzbergl entlang schnurstracks ans Seeufer. Im Sommer wartet nun in einem der Strandbäder ein Sprung ins kühlende Nass, in Kombination eventuell mit einem lauschigen Picknick im Schatten der Bäume des Europaparks. Im Anschluss könnte man Gustav Mahlers Komponierhäuschen in Maiernigg einen Besuch abstatten. Die Route zurück führt über Viktring, das gleichnamige Stift und auf eigenem Radweg fernab allen Autoverkehrs am Lendkanal ins Zentrum.

Praktisches zur Spritztour per Rad
Gesamtdistanz: ca. 20 km
Auskunft & Radverleih: Klagenfurt Tourismus, Neuer Platz 5, Tel. 0463 287 463-0, www.visitklagenfurt.at, Verleihdauer ab 4 Std., auch für mehrere Tage
Einkehrtipps: im Schweizerhaus am Kreuzbergl (Tel. 0463 567 21, www.schweizerhaus.co.at, Mo. geschl.) und auf der letzten Etappe im Kultlokal »Buffet zur Tramway« am Lendkanal (Wilsonstr. 39)

Mittelkärnten

*

HISTORISCHES HERZ

*

Mittelkärnten, die Region rund um Friesach und St. Veit an der Glan, bildet geschichtlich betrachtet die Kernzone des Landes. Maria Saal, Ulrichs- und Magdalensberg, die Burg Hochosterwitz und der Gurker Dom sind Höhepunkte dieser Kulturlandschaft.

Majestätisch wirkt das Rotwild beim Gipfelhaus Magdalensberg.

Die Propstei- und Wallfahrtskirche Mariae Himmelfahrt ist auch als Maria Saaler Dom bekannt

Oben: Die spätgotische Wallfahrtskirche Maria Saal birgt einen barocken Hochaltar von 1714.
Mitte: Auf dem steinernen Herzogstuhl auf dem Zollfeld wurden jahrhundertelang die Landesherrscher eingesetzt.
Unten: Im Freilchtmuseum Maria Saal sind Bauernhäuser und Höfe aus den verschiedensten Regionen Kärntens versammelt.

Man sieht es der kleinen Ebene auf den ersten Blick nicht an, dass dort das historische Herz des Landes schlägt. Äcker und Wiesen reihen sich aneinander, von sanften Hügeln oder steilen Waldrücken begrenzt. Kärnten kennt eindeutig spektakulärere Landstriche. Doch wer sich genauer umsieht im Zollfeld, keine fünfzehn Autominuten nördlich von Klagenfurt, der ahnt bald: Der fruchtbare Boden ist mit Geschichte getränkt. Verblüffend häufig stießen fleißige Bauern hier im Lauf der Jahrhunderte beim Pflügen auf seltsam geformte Steine. Mal war es ein römerzeitliches Relief, mal eine Sarkophagplatte, dann wieder ein romanischer Flechtwerkstein. Praktisch gesinnt wie sie waren, fügten sie die Fundstücke flugs in die Mauern ihrer Bauernhöfe, Scheunen und Marterln (Bildstöcke) ein.

RÖMISCHE RESTE, WOHIN MAN BLICKT

Ein faszinierendes Beispiel für solche Wiederverwertung ist das Kirchlein von Karnburg, in dem gut sichtbar eine Vielzahl von Spolien – so der Fachbegriff für die historischen Relikte – verbaut wurde. Die Kapelle einer karolingischen Pfalz wurde Ende des 9. Jahrhunderts im Beisein von keinem Geringeren als Arnulf von Kärnten, dem späteren römischen Kaiser, geweiht. Noch dichter mit altertümlichen Bauteilen gespickt ist die schon 767 urkundlich erwähnte Kirchenburg von Maria Saal, die ein Stück weiter südöstlich von ihrer Hochterrasse grüßt. Aus römischen Platten ist auch der Herzogstuhl gefügt, ein rechtshistorisch einzigartiges Denkmal. Auf dem Doppelsitz, der bis heute in einer Wiese direkt an der Schnellstraße S 37 steht, leistete vom 8. Jahrhundert bis weit in die Neuzeit hinein jeder Landesherrscher nach seiner Krönung den Ständen den Eid und nahm die Huldigungen des Volkes entgegen. Keine zwei Kilometer weiter erhebt sich das sogenannte Prunnerkreuz, eine Kapelle, in der ein Privatarchäologe vor gut 300 Jahren gleich zwei Dutzend Römersteine vermauern ließ.

Nur alle drei Jahre – das nächste Mal 2022 – wird beim Hüttenberger Bergmannsfest am Sonntag nach Pfingsten der Reiftanz der Knappen aufgeführt, und das seit rund 500 Jahren.

Doch woher stammen all die antiken Trümmer eigentlich? Zum Teil wohl vom nahen Ulrichsberg, dem »Mons Carantanus«, wie er bis ins Spätmittelalter hieß. Auf seinem Gipfel hat man Reste eines römischen Heiligtums wie auch einer frühchristlichen Kirche freigelegt. Der weitaus größere Teil jedoch stammt aus Virunum. Wer wissen will, wo das nun wieder liegt, kehrt am besten im Gasthof Fleissner ein. Dort, ganz in der Nähe des Prunnerkreuzes, hängt ein Stich einer rekonstruierten Römerstadt an der Wand neben der Theke. Und ein Beitext erklärt: »Hier an dieser Stelle des Zollfeldes stand einst die Stadt Virunum. Sie wurde um das Jahr 45 n. Chr. unter dem römischen Kaiser Claudius als Hauptstadt der Provinz Noricum erbaut. In der einst reichen Stadt befanden sich Tempel, Bäder, ein großer Marktplatz mit öffentlichen Bauten sowie ein Bühnentheater. In den Wirren der Völkerwanderung wurde sie zerstört.«

ZWISCHEN IDYLLE UND AVANTGARDE

Im Einzugsgebiet des Flüsschens Glan ist Geschichte jedoch beileibe nicht alles. Die Gegend ist sehr wohl auch in der Gegenwart verortet. Kunstfreunde treffen hier auf spannende Architektur, wie die vom Wiener Avantgardebüro Coop Himmelblau entworfene Fabrik des Holzverarbeiters Funder in St. Veit an der Glan, auf moderne Sakralkunst, wie Valentin Omans Wandbilder und das Altartriptychon in der Kirche von Schloss Tanzenberg, und auf Menschen wie Werner Hofmeister, der sich seit über einem Vierteljahrhundert so unermüdlich wie kreativ bemüht, sein Heimatdorf Klein St. Paul zum »Qnstort« umzugestalten.

Und doch wird man nicht umhinkommen, in eben diesem St. Veit auch den schönen Hauptplatz mit seinem im Kern gotischen Rathaus zu bewundern – und die Tatsache, dass hier im 12. Jahrhundert schon der allererste Herzogshof stand, es sich also um Kärntens älteste Hauptstadt handelt. Womit sich doch wieder die Geschichte in den Vordergrund gedrängt hätte.

HISTORISCH BETRACHTET IST KÄRNTEN EIN URALTES GRENZLAND.

ZUR LANDESMUTTER NACH GURK

Historisch betrachtet ist Kärnten ein uraltes Brücken- oder Grenzland – je nach Sichtweise – zwischen germanischem, slawischem und romanischem Kulturraum. In der Antike zunächst von keltischen Stämmen bewohnt, wurde es später von den Römern erobert und schließlich von der adriatischen Bischofsstadt Aquileia aus christianisiert. Schon um das Jahr 600 gründeten die slawischen Karantanen hier ein Fürstentum, das im Zuge der Verteidigung gegen die Awaren unter die Oberhoheit der zu Hilfe gerufenen bairischen und später fränkischen Kolonisatoren geriet. 976 stieg das Land zum selbständigen Herzogtum auf. Ab 1335 gehörte es, meist mit der Steiermark und Krain, zur habsburgischen Hausmacht und wurde von Wien bzw. Graz aus regiert.

Schon im 11. und 12. Jahrhundert wurde eine Reihe wichtiger Klöster und Stifte gegründet, St. Georgen am Längsee zum Beispiel, Viktring, Eberndorf oder, von den Benediktinern, Ossiach, Millstatt und St. Paul. Im spirituellen wie landesgeschichtlichen Sinn von herausragender Bedeutung ist der Ort Gurk im nördlichen Zentralraum, den manche zu

Am farbenfrohen, vom Maler Ernst Fuchs entworfenen Hotel Fuchspalast in St. Veit an der Glan scheiden sich seit der Eröffnung 1998 die Geister.

Die »Stadt auf dem Magdalensberg« (oben), eine norische Siedlung, wurde um die Jahre 16/15 v. Chr. von den Römern besetzt. Heute ist sie ein Archäologiepark, in dem das Kärntner Landesmuseum auch eine Kopie des »Jünglings vom Magdalensberg« präsentiert (unten), der hier im Jahr 1502 gefunden wurde. Das Original befindet sich im Kunsthistorischen Museum in Wien.

Auch die alten Bürgerhäuser am Hauptplatz von St. Veit sind vielfarbig, allerdings eher in Pastelltönen gehalten. In der Mitte steht die Pestsäule aus dem 18. Jahrhundert.

Rechts: Bei den Friesacher Burghofspielen wird schon seit dem Jahr 1950 auf dem Petersberg Theater gespielt, gern geistreich-spritzige Komödien von Shakespeare über Nestroy bis Feydeau.

Unten: Das Kranzelreiten in Weitensfeld im Gurktal geht der Sage nach auf eine Pestepidemie zurück. Seit 2016 gehört der alte Brauch zum immateriellen Kulturerbe der UNESCO.

Im Dom zu Gurk ruhen die Gebeine der hl. Hemma, Klostergründerin und Schutzpatronin Kärntens.

Kärntens älteste Stadt: Die Pfarrkirche Friesach stammt aus dem 12. Jahrhundert, besiedelt ist der Ort schon sehr viel länger.

Special

Burgbau Friesach

Arbeiten wie im Mittelalter

Burgen sind beeindruckende Bauwerke. Um zu erfahren, wie mit alten Handwerkstechniken so ein Monument erschaffen werden konnte, begannen die Friesacher selbst mit dem Bau einer Burg.

Burg Siegfriedstein in Friesach – ein Name, der eine lange Historie vermuten lässt. Doch die Burg zählt zu den jüngsten Europas. 2009 wurde mit dem auf rund vierzig Jahre projektierten Bau begonnen – ausschließlich mit mittelalterlichen Handwerkstechniken, völlig ohne elektrischen Strom. Die Steine für die Mauern werden von Hand behauen und mit dem Pferdewagen von kräftigen Norikern auf den Hügel transportiert. Besucher können den Handwerkern bei der Arbeit zusehen und im »Geschichtslabor« eine kleine Reise ins Mittelalter antreten (www.burgbau.at).

Beim Burgbau Friesach wird alles von Hand gemacht. Norikerpferde unterstützen die Arbeit.

Recht als das »geheime Kärnten« bezeichnen. Eine sanfte Landschaft, abgelegen und dünn besiedelt, bäuerlich im besten Sinne, beseelt vom Geist des alten Handwerks und der Kleineisenindustrie, die ihren Bewohnern jahrhundertelang Wohlstand bescherte. Gurk ist untrennbar mit dem Namen der Kärntner Landesmutter verbunden. Die heilige Hemma, als Gräfin eine der reichsten Frauen ihrer Zeit, stellte vor tausend Jahren nach einer Marienerscheinung ihr Geld für die Gründung eines Nonnenklosters zur Verfügung. Der doppeltürmige Dom, der in der Folge entstand, gilt als Höhepunkt romanischer Baukunst. Seine Krypta mit ihren hundert Marmorsäulen wird als die großartigste im gesamten deutschen Sprachraum gerühmt. Hemmas Gebeine ruhen hier in einem Steinsarkophag.

Von Gurk ist es nicht weit zu einem zweiten historischen Superlativ – nach Friesach. Die bereits 1130 in den Annalen als »civitas« verzeichnete und damit älteste Stadt des Landes zu besichtigen, mit ihrer völlig intakten Zinnenmauer, den verschachtelten Gassen, Plätzen, Höfen und zahlreichen Kirchen, gleicht einer Reise ins Hochmittelalter, also in jene Blütezeit, da man in der Handelsstation und Mautstätte den weithin begehrten Friesacher Pfennig schlug.

Feinde sind heutzutage nicht mehr im Anmarsch – den weiten Blick von Hochosterwitz über das Zollfeld können die Burgbesucher ganz entspannt genießen.

Vierzehn große Torbauwerke – hier das Fähnrichstor – machten die Burg Hochosterwitz einst uneinnehmbar.

IM RUHRGEBIET DER RÖMER

Leider immer noch wenig besucht ist die Norische Region nahe der nördlichen Landesgrenze zur Steiermark. Vielleicht liegt es an der Abgeschiedenheit und an der Enge des Görtschitztals mit seinen düsteren Nadelwäldern, dass einen auf der Fahrt in die alte Bergbausiedlung Hüttenberg Melancholie befällt – oder am Wissen um den wirtschaftlichen Niedergang. Bereits zur Römerzeit war das »norische« Eisen ein begehrtes Gut. Im Mittelalter galt der Landstrich als Brennpunkt der zentraleuropäischen Eisengewinnung, und während des Zweiten Weltkriegs förderten die Bergleute Rekordmengen für Hitlers Rüstungsindustrie. Doch Ende der 1970er-Jahre zog die Republik Österreich einen Schlussstrich unter zwei Jahrtausende Bergbaugeschichte. Der Minenbetrieb war unrentabel geworden und wurde eingestellt.

Die Hüttenberger freilich gaben nicht auf. Zwangspensionierte Knappen gestalteten einen alten Stollen zum Schaubergwerk um. Ein Lehrpfad wurde eingerichtet, ein Bergbaumuseum mit Mineralienschau, und in der Heft, einem der größten Eisenverhüttungswerke im Europa des 19. Jahrhunderts, entstand ein Freilichtmuseum, für das Stararchitekt Günther Domenig einen futuristischen Veranstaltungsraum schuf – einen »gläsernen Stollen«, der über den Holz-

Bilderbuchburg und Wahrzeichen Kärntens: Hochosterwitz auf einem Dolomithügel östlich von St. Veit an der Glan.

kohlehochöfen zu schweben scheint. Seither wird man hier in die Geheimnisse der Grubenarbeit eingeweiht und kann in freier Landschaft selbst nach Mineralien suchen, um sie dann im »Geozentrum« zu Schmuck zu verarbeiten.

SCHÖNER JÜNGLING AUS BRONZE

Zurück in die Frühgeschichte: Am Abhang des Magdalensbergs, der das Zollfeld im Osten begrenzt, erstreckt sich ein archäologischer Park, übersät mit den Resten der Hauptstadt des keltischen Königreichs Noricum. Wohnhäuser, Werkstätten, ein Tempelbezirk, sogar eine Gießerei für Goldbarren: Zweifellos bescherte der Export des Eisens und anderer inneralpiner Bergbauprodukte nach Italien den Bewohnern ein gutes Auskommen. Davon künden die kunstvollen Keramiken, Mosaike und Eisengeräte in den Vitrinen des örtlichen Museums. Auch die Entdeckung dieser Schätze verdankt sich übrigens einem Bauern. Der war 1502 beim Pflügen auf ein »grosses, gantz kupffernes, gantz nackend Manns Bild« gestoßen. Die lebensgroße Bronzestatue, die heute im Wiener Kunsthistorischen Museum steht, entpuppte sich als einzigartiges antikes Stück und trug unter dem Namen »Jüngling vom Magdalensberg« zum weit über einschlägige Fachkreise hinausreichenden Ruhm des Fundortes bei.

Apropos Ruhm: Nur wenige Kilometer entfernt reckt sich das wohl überragendste Wahrzeichen der Region zum Himmel. Burg Hochosterwitz, um 860 erstmals erwähnt und seit bald einem halben Jahrtausend im Besitz derer von Khevenhüller, gilt als eine der imposantesten Festungen in ganz Europa. Wie sie da mit vielfachem Mauerkranz und vierzehn Toren – jedes für sich ein kleines Kastell – auf ihrem Kalkfelsen thront, lässt einen verstehen, weshalb die Bilderbuchburg, die über ihre gesamte Geschichte erfolgreich allen Feinden zu trotzen vermochte, heute in den Sommermonaten von Besuchern aus aller Welt »erobert« wird.

Harrer-Museum & Tibetzentrum

TIBET AN DER SAUALPE

Heinrich Harrer, der große Sohn von Hüttenberg, brachte die weite Welt in sein entlegenes Heimattal am Fuß der Saualpe. Vor allem der buddhistischen Kultur Tibets, wo er bekanntlich sieben Jahre zubrachte, kann man in der alten Bergbaugemeinde intensiv begegnen. Dabei genießt man den Segen von Seiner Heiligkeit dem Dalai Lama, Harrers Lebensfreund.

Kostbare Gebetsmühlen gehören zu den Exponaten des Heinrich-Harrer-Museums in Hüttenberg.

Eine solche Sammlung erwartet man im hintersten Winkel Kärntens wirklich nicht: Da betritt man die ehemalige Volksschule in Hüttenberg, löst ein Ticket und steht unversehens vor Schrumpfköpfen aus Papua-Neuguinea, Giftpfeilen aus Amazonien und vielen anderen Artefakten aus den entlegensten Gegenden dieser Welt. Dazwischen hängen Fotos, die einen groß gewachsenen Mann in Expeditionsausrüstung zeigen, auf Berggipfeln, in Wüsten, Sümpfen und Urwäldern.

HARRERS VERMÄCHTNIS

Der Porträtierte ist Heinrich Harrer, der 1912 in Hüttenberg das Licht der Welt erblickte. 1938 bestieg er als Erster die Eiger-Nordwand und während des Zweiten Weltkriegs wurde er auf einer Himalaya-Expedition von den Briten interniert. 1944 gelang ihm die Flucht nach Tibet, wo er ganze sieben Jahre blieb und zu einem Vertrauten des jungen Dalai Lama wurde. Seine Erinnerungen an jene Zeit wurden in Buchform zum Weltbestseller. Im hohen Alter – Harrer sollte 2006 in Friesach sterben – beschloss der Reisende aus Profession, seine umfangreichen Sammlungen dauerhaft in seinem Heimatort zu zeigen.

In erster Linie aus Tibet stammen die kostbaren Schnitzaltäre, Priestergewänder und Schmuckstücke, all die Amulette und Geisterfallen. Ein Highlight bildet der prachtvolle Zeremoniensaal, den Harrers lebenslanger Freund, der Dalai Lama, 1992 bei einem seiner Besuche in Hüttenberg persönlich geweiht hat. Darüber hinaus machen draußen an einer Felswand ein gigantisches Rollbild mit Buddha-Figuren und ein Lingkor – ein mit Felsmalereien und Gebetsfahnen versehener tibetischer Pilgerpfad – auf den ersten Blick deutlich, auf welch tiefgeistige Inhalte man sich bei dem Museumsbesuch auch einzustellen hat.

WERTE DES MENSCHSEINS

Apropos: Hat man für den spirituellen Geist Feuer gefangen, den der Dalai Lama verkörpert, kann man im benachbarten Knappenberg einschlägiges Wissen finden und vertiefen, denn dort hat das geistliche Ober-

Oben: Der tibetische Gebetsraum im Museum wurde im Jahr 1992 vom Dalai Lama persönlich geweiht.

Links: Blick vom tibetischen Pilgerpfad auf die ehemalige Hüttenberger Volksschule, in der Heinrich Harrers Sammlungen ausgestellt sind.

haupt der Tibeter ein europaweit einzigartiges Tibetzentrum ins Leben gerufen. Es wird von einem seiner Vertrauten, einem tibetischen Mönch, geleitet und bietet Vorträge und Seminare zur rechten Lebensführung sowie mehrjährige Lehrgänge über tibetische Medizin und buddhistische Philosophie. Auf dass es, wie sein Gründer bei der Einweihung sagte, einen Beitrag leiste zur Förderung der beiden grundsätzlichen Werte des Menschseins (Gewaltlosigkeit, Mitgefühl) und zur Stärkung von Verständnis und Respekt für interreligiöse und interkulturelle Belange.

Auf einen Blick

Anfahrt: Mit dem eigenen Fahrzeug oder öffentlichen Bussen von Klagenfurt bzw. Treibach-Althofen durch das Gurk- und Görtschitztal hinauf, bis Hüttenberg bzw. Knappenberg.

Heinrich-Harrer-Museum: Mai–Okt. tgl. 10.00–17.00 Uhr, Führungen nach Voranmeldung ganzjährig möglich; Bahnhofstr. 12, A-9375 Hüttenberg, Tel. 04263 81 08 20, www.huettenberg.at

Tibetzentrum: Internationales Institut für Höhere Tibetische Studien, Knappenberg 69, A-9376 Hüttenberg, Tel. 0664 85 37 523, www.tibetzentrum.at

Metnitz
Toner Höhe
Ingolstahl
Moserwinkl
Oberwalk
Dürnstein in der Steiermark
Wiegen
Höfermayer
Wildensteiner
Silberberg
Sankt Martin am Silberberg
Sankt Wolfgang
Grades
Zwatzhof
Staudachhof
Gunzenberg
Sankt Stefan
Schratzbach
Eibel
Gaisberg
Wagendorf
Zeltschachberg
Waldkogel
Seppmüller
Leonard
Maria Höfl
Niedermarkt
Marienheim
Schnatten
Zmuck
Sankt Johann
Mayerhofen
Pichling
Sankt Andreas
Bauchkogel
Baierberg
Zosner Kogel
Kuster
Vellach
Zienitzen
Ruhland
Sankt Salvator
Barbarabad
Judendorf
Hartmannsdorf
Zeltschach
Kräuping
Feistritz
Saurmarkt
Engelsdorf
Olsa
Minachberg
Pabenberg
Hohenpress
Polliger
Regger
Moschitzberg
Sankt Nikolaus v. M. Petersberg
Fasch
Sankt Bartlmä
Heiliger Blasius
Kainer
Baierberg
Schwarzlkogel
Zosen
Unter Gossen
Großhöfler
Ladinigriegel
Prekowa
Virgilienberg
Hüttenberg
Friesach
Grafendorf
Unsere I. Frau
Pichlbauer
Kraßnitz
Schödendorf
Gulitzen
Gasser Riegel
Ratteingraben
Waitschach
Dörfler
Strülz
Ganiming
Salzer
Schnessnitz
Werzer
Dobersberg
Agathenhof
Lorenzenberg
Oberstranach
Gutta-ringberg
Lichtegg
Obersemlach
Gadotzer
Schmaritzerkogel
Leesfalter
Hausdorf
Pratz
Lang-Wiesen
Micheldorf
Verlositz
Höffern
Hochalle
Dielach
Sankt Jakob
Strassburg
Sankt Nikolaus
Gundersdorf
Hackwirt
Hirt
Urtlgraben
Gobertal
Hinterberg
Adling
Brunn
Pötsch
Mattnig
Sankt Peter
Sankt Margareta
Lieding
Sumper
Sankt Georgen
Pöckstein-Zwischenwässern
Schloss Pöckstein
Sonnberg
Guttaring
Deinsberg
Engelsdorf
Grabenig
Kraßnitz
Lager
Gunzenberg
Osselitzenberg
Rabing
Weindorf
Töscheldorf
Schelmberg
Mösel
Gurnik
Traming
Neubauer
Glabotsch
Dom
Gurk
Pirkerkogel
Wattein
Gratschitz
Sankt Kosmas
Sankt Stefan am Krappfeld
Treibach
Oberer Markt
Moorbad
Unterer Markt
Althofen
Rabachboden
Hollersberg
Mariahilf
Oberwietingberg
Sankt Andrä
Passegger
Kreuzberg
Zweinitz
Sankt Egid
Draschelbach
Stein
Wieting
Unterwietingberg
Sadin
Weitensfeld im Gurktal
Thumhof
Reichenhaus
Flatt
Zabersdorf
Unterdeka
Kogl
Welsbach
Brugga
Mölbling
Undsdorf
Drattrum
Kitschdorf
Aich
Hafendorf
Krön
Dörfl
Zedl bei Pisweg
Rastenfeld
Treffling
Stoberdorf
Krasta
Silberegg
Wietersdorf
Kilmer
Grünburg
Massanig
Freithoferberg
Pisweg
Gwadnitz
Finsterdorf
Zedroß
Leiten
Bergwerksgraben
Tschatschg
Elxendorf
Haidkirchen
Edling
Ober Sankt Paul
Klein Sankt Paul
Harder-nitzen
Föbing
Birbühel
Wimitzbach
Meiselding
Landbrücken
Lind
Kappel am Krappfeld
Dobranberg
Unter Sankt Paul
Sankt Philippen
Hundsdorf
Straßa
Ringberg
Drasenberg
Dürnfeld
Krappfeld
Gruska
Niederdorf
Wimitz
Pirka
Gaming
Schöttlhof
Unterbergen
Boden
Sittenberg
Psein
Grua
Gray
Laggen
Eggen
Stromberg
Spitz
Pfannhof
Stra-ganz
Sankt Klementen
Grillberg
Wittwa
Innere Wimitz
Ausmarck
Frauenstein
Predl
Dielach
Wolschart
Passering
Sankt Martin am Krappfeld
Wullroß
Dreifaltigkeit
Salbrechtskopf
Zwein
Kraig
Breitenstein
Steinbichl
Planitz
Lebitschnig
Zietner
Kraigersee
Kraiger Schlösser
Kulm
Überfeld
Bernaich
Toplach
Stammersdorf
Sankt Willibald
Mauer
Rattenberg
Sankt Florian
Schneebauerberg
Schaumboden
Schneebauerhütte
Schaumburg
Frauenstein
Pörlinghof
Siebenaich
Sand
Unterlatschach
Drasendorf
Unterpassering
Mannsberg
Gallekogel
Kreuth
Zojach
Bachthofer
Obermühlbach
Ehem. Klosterkirche
Sankt Peter
Langsee
Weindorf
Rottenstein
Pölling
Garzern
Grumetter
Wegscheider
Grassendorf
Sörgerberg
Tatschnigteich
Pflugern
Fachau
Lorenziberg
Gassing
Hunnenbrunn
Sankt Veit a. d. Glan
Sankt Georgen am Längsee
Thalsdorf
Gösseling
Micheldorf
Gasmai
Rasting
Hart
Dornhof
Hl. Dreifaltigkeit
Launsdorf
Wiendorf
Unterbrückendorf
Labegg
Sankt Walburgen
Zirkitz
Freundsam
Gradenegg
Sörg
Waggendorf
Krainberg
Retschitz
Ladein
Pflausach
Graßdorf
Rathaus
Reipersdorf
Sankt Martin
Brückl
Grabusch
Gradenegg
Rosenbichl
Treffelsdorf
Sankt Andrä
Goggerwenig
Pirkfeld
Schloss Nd.-Osterwitz
Hochosterwitz
Selesen
Eggen
Pulst
Rosenbichl
Sankt Johann a. T.
Sankt Lorenzen
Gupf
Oberdorf
Liemberg
Glantschach
Hohenstein
Glandorf
Mairist
Sankt Donat
Pirkach
Lippe Kogel
Schmieddorf
Liebenfels
Muraunberg
Sankt Sebastian
Labon
Altliebenberg
Sankt Leonhard
Leboach
Seidelhof
Unterbergen
Hörzendorf
Pfarrkirche Magdalensberg
Sankt Helena und Magdalena
Ausgrabungen
Klein Sankt Veit
Zwattendorf
Wasai
Ruine Glanegg
Friedlach
Tauchendorf
Gramilach
Radweg
Blintendorf
Niederdorf
Steinbruchkogel
Salchendorf
Oberkrähwald
Sagernig
Kadöll
Glanegg
Glan
Weitensfeld
Karlsberg
Dellach
Sankt Michael am Zollfeld
Latschach
Unterkrähwald
Gänsdorf
Schwambach
Maria Feicht
Hardegg
Rohnsdorf
Stranghof
Projern
Hörzendorfersee
Tanzenberg
Christofberg
Metschach
Zweikirchen
Unterwuhr
Ottmanach
Eppersdorf
Dürrenmoos
Waisenberg
Oberbach
Flatschach
Sankt Peter am Bichl
Kamberg
Wainz
Willersdorf
Magdalensberg
Freudenberg
Zmulnersee
Moderndorf
Herzogstuhl
Portschach
Schloss Meiselberg
Possau
Sankt Thomas am Zeiselberg
Freudenberg
Sankt Filippen
Kremschitz
Großbuch
Ulrichsberg
Leiten
Zollfeld
Nußberg
Windischbach
Ehem. am Berg
Pfalzkapelle
Sagrad
Amdorf
Sankt Martin
Sankt Leonhard
Schloss Tigring
Stegendorf
Kärntner Freilichtmuseum
Groblach
Stuttern
Großgörtschach
Winklern
Fuhrholz
Tigring
Sankt Martin
Lind
Tentschach
Karnburg
Wallfahrtskirche Maria Saal
Timenitz
Pischeldorf
Annamischl
Krobathen
Sankt Michael ob der Gurk
Sankt Georgen am Weinberg
Ziegelsdorf
Neschka
Ehrenbichl
Ratzendorf
Winklern
Lassendorf
Geiersdorf
Linsenberg
Raunach
Frankenberg
Sankt Margarethen
Seigbichl
Wölfnitz
Pitzelstätten
Emmersdorf
Klagenfurt-Nord
Walddorf
Gundersdorf
Matzendorf
Sillebrücke
Wutschein
Unterbergen
Sankt Peter
Seltenheim
Klagenfurt am Wörthersee
Sankt Lorenzen
Ströglach
Völkermarkt-West
Eirsdorf
Greuth
Ratzenegg
Simislau
Tultschnig
Lendorf
Annabichl
Poggersdorf
Isdorf
Goritschitzen
Tudersdorf
Tessendorf
St. Georgen
Pichlern
Krastowitz
Leibsdorf
Halleg
Görtschach
Schloss Falkenberg
Waltendorf
Annabichl
Flughafen Klagenfurt
Reigersdorf
Pubersdorf
Dolina
Tainach
Rakollach
Maßstab 1:200.000
Pirk
Krumpendorf
Pörtschach Ost
Falkenberg
Kreuzbergl
Flughafen
Sankt Margarethen
Haidach
Schloss Rain
Hörtendorf
Aich a. d. Straße
Grafenstein
Thon
Höhenbergen
Bot. Garten
Pritschitz
KL-See
St. Martin
Sankt Jakob an der Straße
Münze
Schloss Pakein
Lindwurm
Domkirche
Landesmuseum
St. Peter
Niederdorf
Froschendorf
Althofen
Krumpendorf
Maria
Truttendorf

ZEITREISE IN DIE GESCHICHTE

Menschen mit weißen Tuniken wandeln durch römische Ruinen, Bergleute singen beim Reiftanz, und Handwerker bauen mit mittelalterlichen Methoden eine Burg: In Mittelkärnten wird die Geschichte des Landes lebendig, während die Natur zum Entspannen einlädt.

1 Maria Saal

In der Talebene zwischen Magdalensberg und Ulrichsberg liegt auf einer kleinen Anhöhe die beschauliche Marktgemeinde Maria Saal (3800 Einw.). Umringt von traditionellen Bauernhöfen thront dort das älteste Gotteshaus Kärntens, die Wallfahrtskirche von Maria Saal.

SEHENSWERT

Die Wurzeln der spätgotischen **Marienkirche** TOPZIEL gehen auf das Jahr 767 zurück. Damals schickte Bischof Virgil von Salzburg einen Missionar namens Modestus nach »Karantanien«, der Maria Saal als Bischofssitz auserwählte. Seine Reliquie ruht im prächtigen Dom. Seit dem Mittelalter kommen Pilger hierher.

MUSEUM

Wer wissen möchte, wie die Menschen früher lebten, sollte das **Kärntner Freilichtmuseum** (Domplatz 3, www.landesmuseum.ktn.gv.at; Ende April–Ende Okt. Di.–So., Fei. 10.00–16.00, Juli/Aug. bis 17.00 Uhr) besuchen. Verteilt auf vier Hektar werden hier Bauernhäuser und ländliches Handwerk gezeigt.

UNTERKUNFT

Der gemütliche €€ **Gasthof Fleissner** (Zollfeld 3, Tel. 04223 22 18, www.gasthof-fleissner.at; Mo. geschl.) bietet günstige Übernachtungen.

RESTAURANT

Das €€€ **Gipfelhaus Magdalensberg** (13 km nordöstl.; Magdalensberg 16, Magdalensberg, Tel. 04224 22 49, www.hotel-magdalensberg.at; im Winter Mo. geschl.) ist ein beliebtes Ausflugsziel auf 1059 m Höhe, oberhalb der Nebelgrenze, mit ausgezeichnetem Restaurant und Zimmern mit Panoramablick.

UMGEBUNG

Auf der anderen Seite des Tales liegt **Karnburg** (4 km westl.), um 600 vermutlich das Zentrum des karantanischen Fürstentums. Die königliche Pfalz gab es bereits Ende des 9. Jh. An der Kirche sind nach wie vor antike Baureste zu sehen. Auf dem **Herzogstuhl** (2 km nordwestl.), einem aus römischen Steinplatten zusammengesetzten Doppelthron, leistete zwischen dem 9. und 15. Jh. der jeweilige Herzog seinen Eid. Es ist geschichtsträchtiger Boden, auf dem einst auch die Römerstadt Virunum mit Militärlager und Amphitheater lag. Mehr über die Römer erfährt man im **Archäologischen Park Magdalensberg** TOPZIEL (12 km nordöstl., www.landesmuseum.ktn.gv.at; Mai–Okt. Di.–So., Fei. 10.00–16.00, Juli, Aug. bis 17.00 Uhr). Das Freilichtmuseum zählt zu den größten römischen Ausgrabungsstätten im Ostalpenraum. Diese wurden 1502 zufällig von einem Bauern entdeckt, der beim Pflügen auf die Bronzestatue eines Jünglings stieß.

INFORMATION

Tourismusbüro im Domshop, Am Platzl 7, A-9063 Maria Saal, Tel. 04223 22 14-22, https://maria-saal.gv.at

Spolien aus der Römerzeit an der Pfalzkirche Karnburg (links oben); Deckenfresko der Marienkirche in Maria Saal; Landgasthof Neugebauer in Hüttenberg-Lölling (s. S. 115)

2 St. Veit an der Glan

Die schmucken Fassaden erinnern an die prunkvolle Zeit, als das Städtchen (13 000 Einw.) noch Sitz des Kärntner Herzoghofs war. In der Fußgängerzone rund um den Hauptplatz lässt es sich gut flanieren und Kaffee trinken.

SEHENSWERT

Von 1220 bis 1518 war St. Veit die Hauptstadt des Landes. Vom mittelalterlichen Reichtum zeugt noch die 10 m hohe **Stadtmauer.** Im **Stadtmuseum** (Hauptplatz 29, www.museum-stveit.at; April–Okt. Mi.–So. 10.00–12.00, 14.00 bis 17.00, Juli/Aug. tgl. 10.00–17.00 Uhr) erfährt man mehr über die Zeit der Spanheimer. Das **Bürgerspital,** eine Gebäudegruppe aus dem Spätmittelalter mit Kirche, Innenhof und Laubengängen, wurde zum Kulturzentrum ausgebaut. Außerhalb der Innenstadt haben sich innovative Industriebetriebe angesiedelt, darunter das **Funder-Werk,** gestaltet vom Architekturbüro Coop Himmelb(l)au.

UNTERKUNFT

Das zentral in der Innenstadt gelegene € **Kunsthotel Fuchspalast** (Prof.-Ernst-Fuchs-Platz 1, Tel. 04212 46 60, www.hotel-fuchspalast.at) wurde von dem Künstler Ernst Fuchs gestaltet.

INFORMATION

Tourismusregion Mittelkärnten, Hauptplatz 23, A-9300 St. Veit/Glan, Tel. 04212 4 56 08, www.kaernten-mitte.at

Burgmuseum Hochosterwitz (links); Blick vom Gipfel des Magdalensbergs auf die Karawanken (links unten); Krypta im Dom zu Gurk (oben)

3 Burg Hochosterwitz

Furchteinflößend und uneinnehmbar thront die bereits um 860 erwähnte Burg mit ihren 14 einzigartigen Toren auf einem Felsen. Seit Jahrhunderten im Besitz der Familie Khevenhüller, gehört Hochosterwitz als Wahrzeichen Kärntens zu den beliebtesten Ausflugszielen im Land.

SEHENSWERT
Besucher durchschreiten beim Aufstieg alle Tore und kommen an der gotischen **Burgkirche** vorbei. Ebenfalls imponierend sind die **Hochburg** TOPZIEL und das **Burgmuseum** (Hochosterwitz 1, Launsdorf, www.burg-hochosterwitz.com; April, Mai, Sept., Okt. 10.00 bis 17.00, Juni–Aug. tgl. 9.00–18.00 Uhr).

UMGEBUNG
Das ehemalige Benediktinerstift **St. Georgen** (6 km nördl.) am Südufer des Längsees, eines der ältesten Klöster des Landes, ist heute eine Erwachsenenbildungsstätte mit einem Restaurant und einem Hotel.

INFORMATION
Tourismusregion Längsee Hochosterwitz, Unterer Platz 10, A-9300 St. Veit/Glan, Tel. 04212 456 08, www.laengseehochosterwitz.at

4 Althofen

Im Mittelalter war der Obere Markt ein Umschlagplatz für Metall. Inzwischen ist Althofen mit Treibach im Tal zusammengewachsen, dessen Industrie weltweit bis heute eine wichtige Rolle spielt. Zu dem Städtchen (5000 Einw.), Hauptort des Krappfelds, gehört auch ein renommiertes Kur- und Rehabilitationszentrum.

SEHENSWERT
Zu Ehren von Carl Freiherr Auer von Welsbach (1858–1929), der u. a. den Glühstrumpf und die Metallfadenleuchte erfand sowie vier chemische Elemente entdeckte, wurde das **Auer-von-Welsbach-Museum** eingerichtet (Burgstr. 8, Tel. 04262 43 35, www.auer-von-welsbach-museum.at; Mai–Okt. Mi.–So. 10.00–17.00 Uhr, Führungen nach tel. Anm.).

RESTAURANT
Der **€€ Prechtlhof** (Schobitzstr. 1, Tel. 04262 26 14, www.hotelprechtlhof.com; So., Di. Mi. mittags. geschl.), ein romantisches Landhotel, lockt mit regionaler Küche und Mehlspeisen.

INFORMATION
Stadtgemeinde Althofen, Hauptplatz 8, A-9330 Althofen, Tel. 04262 2 28 80, www.althofen.gv.at

5 Hüttenberg

Eisenerz und andere Metalle brachten Reichtum in die Gegend um Hüttenberg (1500 Einw.), doch als 1908 der letzte Hochofen und 1978 die letzte Mine schloss, wurde es wirtschaftlich ruhig. Gerade deshalb lohnt sich ein Abstecher ins entlegene Tal, Heimat von Heinrich Harrer (s. S. 50).

SEHENSWERT
Das **Schaubergwerk** mit **Bergbaumuseum** (Knappenberg 32, Tel. 04263 81 08 30; Mai–Okt. tgl. 10.00–17.00 Uhr) bringt die Geschichte des Bergbaus und das Leben der Knappen näher. Höhepunkt ist der Gang durch den 900 m langen Stollen aus dem 16. Jh. Das Museum zeigt auch eine Mineralienschau.

VERANSTALTUNG
Der **Hüttenberger Reiftanz** zählt zu den wenigen vollständig überlieferten Männerkettentänzen in Europa und wurde 1608 erstmals urkundlich erwähnt. Heute wird er alle 3 Jahre aufgeführt (2025, 1. So. nach Pfingsten).

UMGEBUNG
Das **Freilichtmuseum Heft** (2 km nordöstl.; frei zugänglich) zeigt eine der größten Eisenwerkanlagen Europas aus dem 19. Jh. Ein modernes Glas-Stahl-Bauwerk des Architekten Günther Domenig wurde für die Landesausstellung 1995 errichtet.

INFORMATION
Gemeinde Hüttenberg, Reiftanzplatz 1, A-9375 Hüttenberg, Tel. 04263 81 08, www.huettenberg.at

6 Gurk

Die hl. Hemma wird als Landesmutter verehrt. Begraben ist sie in Gurk (1300 Einw.), weshalb der Ort zum beliebten Wallfahrtsziel avancierte.

SEHENSWERT
Mit dem Bau des **Gurker Doms** wurde um 1140 begonnen, 1220 war das imposante romanische Werk fertig. Ältester Teil ist die Krypta mit 100 Marmorsäulen. Vor Ostern wird das Gurker Fastentuch vor dem Hochaltar aufgezogen. Die **Schatzkammer Gurk** (Domplatz 11, www.kath-kirche-kaernten.at; Mai–Okt. Di.–So. 9.00–17.00 Uhr, sonst nur mit Führung und Anm.) zeigt gotische Glasmalereien und weitere Höhepunkte der religiösen Kunst.

UMGEBUNG
Das Städtchen **Straßburg** (5 km nordöstl.) bezaubert mit seiner Burg (Schlossweg 6, www.strassburg.at; Mai–Sept.) aus dem 12. Jh., die urspr. als Residenz der Gurker Bischöfe errichtet wurde. In **Weitensfeld** (9 km westl.) lohnt sich ein Stopp bei der Wehrkirche. Von Treibach-Althofen nach Pöckstein-Zwischenwässern verkehrt auf einer 3,3 km langen Strecke eine **Museumsbahn**, die letzte Schmalspurbahn Kärntens (www.gurkthalbahn.at).

Tipp

Romantischer Pfingstbrauch

Alljährlich wird in Weitensfeld zu Pfingsten der alte Brauch des Kranzelreitens gepflegt, der auf die Pest von 1567 zurückgeht. Dabei reiten junge Burschen durch den Ort, um ihn vor Unheil zu schützen. Höhepunkt ist der Wettritt um den Kuss der Jungfrau. Ein großer Jahrmarkt gehört auch dazu.

Marktgemeinde Weitensfeld, Tel. 04265 2 42 22, www.weitensfeld.at

INFORMATION
Marktgemeinde Gurk, Dr.-Schnerich-Str. 12, A-9342 Gurk, Tel. 04266 81 25 27, www.gurk.at

7 Friesach

Die Kleinstadt (5000 Einw.) gehört zu den ältesten Städten Kärntens. Die mittelalterliche Atmosphäre hat man gut erhalten. In engen Gässchen kann zwischen Stadtmauern, Kirchen, Burgen und Fürstenhof geschlendert werden.

VERANSTALTUNGEN
Seit 1950 wird die Petersburg jeden Sommer zur Bühne der **Burghofspiele** (www.burghofspiele-friesach.at). Im Juli wird zudem ein großes Mittelalterfest gefeiert, das **Spectaculum.**

UMGEBUNG
Wer einen kleinen, aber feinen Stützpunkt für Erkundungen in Mittelkärnten sucht, ist in **Hirt** (7 km südl.) bestens aufgehoben; hier wird seit über 725 Jahren Bier gebraut. **Grades** (15 km westl.) ist wegen des Flügelaltars in der Wehr- und Wallfahrtskirche St. Wolfgang besuchenswert. In **Metnitz** (weitere 5 km westl.) steht ein gotisches Beinhaus, dessen Fassade mit einem einzigartigen Totentanzfresko verziert ist; auch ein kleines Museum ist angeschlossen (Marktplatz 7, www.totentanz.eu; Anf. Mai–Mitte Okt. Di.–So.tgl. 10.00–12.00, 14.00–17.00 Uhr).

INFORMATION
Sommer: Tourismusinformation Friesach, Hauptplatz 15, A-9360 Friesach, Tel. 04268 22 13 40, www.friesach.at (Winter: s. St. Veit an der Glan)

Tipp

Geballtes Bierwissen

Hopfen und Malz, Gott erhalt's! Bei einer Führung durch die Privatbrauerei Hirt weiht der Braumeister die Besucher in die Geheimnisse seiner Kunst ein. Wem das noch zu wenig Bierwissen ist, der absolviert einen Kurs in der hauseigenen »Beercademy« und entdeckt die Vielfalt der Bierwelt.

Hirt 1, A-9322 Hirt, Tel. 04268 20 50, www.hirterbier.at

WANDERUNG ZWISCHEN WASSER UND ERDE

Im äußersten Norden des Landes, direkt an der kärntnerisch-steirischen Grenze, harrt ein besonderes Naturparadies der Entdeckung: Das Hörfeld-Moor ist ein 140 Hektar großes Biotop und zählt zu den zehn in Österreich durch die Ramsar-Konvention speziell geschützten Feuchtgebieten. Es dient mehr als 125 Vogelarten, 500 Schmetterlings- und Falterarten sowie über 50 seltenen und gefährdeten Gefäßpflanzen, u.a. diversen Orchideen, als Heimat.

Das Moor lässt sich über eine bequeme Rundwanderung erkunden. Diese startet bei der Schaumühle an der Ortseinfahrt der Gemeinde Mühlen und führt über Felder, hernach ein Stück weit auf einem Forstweg durch Hochwald auf eine knapp 1000 m hohe Anhöhe, von der aus man das ökologisch so kostbare Gelände in seiner Gesamtheit hingebreitet sieht.

Der eigentliche Themenweg führt, behutsam in die Natur eingefügt, zum Teil auf Holzstegen, zum Teil auf trittfesten Pfaden, zunächst einen Bach entlang. Später geht es durch Erlen-Auwald, Hochstaudenflure, über mit Sauergräsern und Schwingrasen bewachsene Feuchtflächen. Unterwegs informieren Schautafeln über Entstehung und Struktur des Moores sowie Fauna und Flora. Ein Beobachtungsturm und eine Aussichtsplattform laden zwischendurch zu Rast und kontemplativem Naturstudium.

Das Hörfeld-Moor ist ein wichtiger Rastplatz für Zugvögel.

Anfahrt: vom Norden kommend, im steirischen Neumarkt links auf die Görtschitztal Straße (B 92) Richtung Hüttenberg; Startpunkt für den Rundwanderweg ist die Gemeinde Mühlen.
Distanz & Dauer: Der Rundwanderweg misst 6,5 km und dauert 2-3 Std., der eigentliche Themenweg ist ganzjährig frei zugänglich und in einer knappen Std. Gehzeit zu absolvieren.
Auskünfte und Führungen: Der rührend umtriebige Naturschutzverein bietet im Juli/Aug. jeden Di. Führungen durch das Biotop inkl. »Moor-Frühstück« und »Genussjause« an. Buchungen über Tourismusverein Mittelkärnten, Tel. 04212 456 08; allgem. Auskünfte: Tel. 03586 30 203

Der (Süd-)Osten

*

GEHEIMTIPP FÜR GENIESSER

*

Kärntens äußerster Südosten gilt zu weiten Teilen noch als Geheimtipp für Genießer. Rund um Lavant-, Jaun- und Rosental finden Familien und Aktivsportler ein reiches Betätigungsfeld. Auch Freunde alter und neuer Kunst haben viel zu entdecken in dem teils slowenisch geprägten Bauernland.

Über Pustritz thront am Südhang der Saualpe die spätgotische Pfarrkirche Mariä Heimsuchung, 1430 – 1460 erbaut.

Über dem Hohen Platz in Wolfsberg wachen die Gottesmutter auf der Pestsäule und der Turm der Markuskirche.

»DER MENSCH IST KRANK, WEIL ER NIE ZUR RUHE KOMMT.«

Paracelsus (1493–1541)

Du meine Güte, warum hat man sich darauf nur eingelassen? Jetzt steht man hier oben auf dieser vermaledeiten Eisenbahnbrücke, einige aufmunternde Gesichter um sich herum und die harmlos blaugrüne Drau 96 Meter unter sich. Mehr als 40 000 Sprünge haben Adrenalinjunkies ohne Zwischenfall absolviert, seit Österreichs allererste Bungee-Jumping-Anlage 1991 hier an der Jauntalbrücke in Betrieb gegangen ist. Und doch steigt bei Novizen der Magen, das Herz rutscht. Bis man springt. Dann stürmt der Fluss auf einen zu. Erstaunlich lange. Im letzten Moment zerrt einen das Seil sanft zurück. Man schnellt hoch, pendelt zwischen Himmel und Wasser – und schwebt. Die Euphorie hält noch eine ganze Weile lang an, wenn man längst im Schlauchboot sitzt.

EDEL UND HOCHPROZENTIG

Nur zehn Autominuten von der Mutprobenbrücke entfernt, in Legerbuch bei St. Paul, steht eine der innovativsten Schnapsbrennereien Kärntens. Der ideale Ort, um darauf anzustoßen, dass man die halsbrecherische Aktion überlebt hat. Seit bald dreißig Jahren baut Dominikus Spendel hier Streuobst an und erzeugt daraus Säfte, Weine und vor allem Fruchtbrände. In seiner Schnapsgalerie (www.spendelschnaps.at) kann man klassisch Hochprozentiges von der Birne, Quitte, Kirsche oder Zwetschke verkosten, aber auch ausgefallene Kreationen, etwa Brände vom Spargel oder Gänseblümchen. Danach versteht man (wenn man noch zu verstehen imstande ist), weshalb das sanft geschwungene Hügelland rund um das untere Lavanttal als erstklassige Obstregion bekannt ist.

KÄRNTENS SCHATZHAUS

Dass es auch ein geschichtsträchtiges Kulturland ist, erfährt man quasi um die Ecke. Dort, wo der Granitzbach in die Lavant mündet, thront auf einem Felshügel das Benediktinerstift St. Paul. 1091 wurde es von Mönchen aus dem bedeutenden Reformkloster Hirsau im Schwarzwald gegründet, ist somit das älteste noch aktive Kloster im Land und nach wie vor das kulturelle Zentrum der Region. Um 1500 hat der spätere Heilkundler Paracelsus hier als Knabe Latein gebüffelt. Prominentester lebender Absolvent ist der renommierte Burg- und Filmschauspieler Peter Simonischek.

1991, zum runden Jubiläum fand in St. Paul die erste Kärntner Landesausstellung statt. Sie hieß »Schatzhaus Kärnten« und rückte die bis dahin wenig beachtete Gegend erstmals ins touristische Scheinwerferlicht. Seither haben sich die Besucherströme wieder verdünnt, ob-

Links: Das Stift St. Paul ist für seine Bibliothek bekannt.
Rechts: Wolfsberg mit der Markuskirche wird vom Schloss überragt.

Auf den Sockel der Wolfsberger Mariensäule hat der Griffener Steinhauer Simon Reischl Anfang des 18. Jahrhunderts Statuen von Kaiser Heinrich II. und seiner Ehefrau Kunigunde im Krönungsornat gestellt.

Das Benediktinerstift St. Paul im Lavanttal liegt malerisch über der Marktgemeinde, mit Blick auf die Koralpe. 1091 gegründet, ist das Kloster bis heute aktiv.

»DAS AUNFELD IST DIE LANDSCHAFT MEINER KINDHEIT. ES WIRD MIR WARM UMS HERZ, WENN ICH DORT BIN.«

Peter Handke, geboren 1942 in Griffen

Blick von der Saualpe über das Jauntal zu den Karawanken

Für Mutige: Bungee-Sprung von der Jauntalbrücke, einer der höchsten Eisenbahnbrücken Europas
Für Tiefgründige: Besuch der Obir-Tropfsteinhöhle bei Bad Eisenkappel
Für Ausgeglichene: Yoga im Strandbad Unterburg am Klopeiner See

wohl die damals gezeigten Kostbarkeiten im Stiftsmuseum weiterhin zu bestaunen sind: mittelalterliche Goldschmiedearbeiten und Textilien, Gemälde von Holbein, Rubens oder van Dyck sowie eine der bedeutendsten Handschriftensammlungen der Welt.

EINE HEILENDE WUNDE

Wer alt genug ist, dem steigen vielleicht längst versunkene Bilder aus der Erinnerung auf, während er von St. Paul über kurvige Straßen Richtung Rosental rollt. Bilder, die im Herbst 1972 auch in deutschen Nachrichtensendungen zu sehen waren: rabiate Männer, die in der Dunkelheit Ortsschilder von Pfählen rissen und dabei grimmige Politparolen plärrten. Fanatisierte Deutsch-Kärntner demontierten damals hier, am Fuß der Karawanken, im sog. Ortstafelsturm zweisprachige Schilder, die kurz zuvor auf Anordnung der Wiener Bundesregierung aufgestellt worden waren.

1500 Jahre lang lebten in Kärnten Germanen und Slawen mit- und nebeneinander, kannten zunächst weder Sprach- noch Volkstumsgrenzen. Unzählige slawische Orts- und Flurnamen, Sagen und Volkslieder zeugen davon. Dennoch findet man in Europa nicht viele Regionen, in denen zwei angestammte Bevölkerungsgruppen mit historischen Argumenten so lange und hartnäckig ihre vermeintlichen Vorrechte reklamiert haben. Die Besatzung Südkärntens durch jugoslawische Truppen 1918, der Abwehrkampf, die Volksabstimmung am 10. Oktober 1920, bei der eine Sechzig-Prozent-Mehrheit für den Verbleib bei Österreich votierte, später die Herrschaft der Nazis und ihr Eindeutschungswahn, Titos Spaltungsversuch, die Minderheitendebatten, Volkszählungen und schließlich der Schul- und Ortstafelstreit – die Stufen der Eskalation sind älteren Kärntnern noch geläufig. Fakt ist, dass die Bezirke südlich von Drau und Wörthersee, das Hauptsiedlungsgebiet der Kärntner Slowenen, noch um 1900 kompakt slowenisch waren, heute hinge-

Temporäre Installation von Werner-Berg-Enkel Harald Scheicher im Skulpturengarten des Werner-Berg-Museums in Bleiburg

gen fast durchweg zweisprachig sind. Und dass inzwischen infolge des Assimilierungsdrucks bloß noch 12 500 Kärntner, wenig mehr als zwei Prozent, Slowenisch als ihre Umgangssprache bezeichnen. Nur in einem Dutzend Gemeinden übersteigt ihr Anteil noch zehn Prozent.

Mittlerweile haben sich die Gemüter zum Glück weitgehend beruhigt – ist die Staatsgrenze dank EU-Osterweiterung und Schengen-Abkommen doch so gut wie abgeschafft. Man kann also ganz arglos die Schönheit der Landschaft genießen: Rechterhand im Talgrund glitzert die aufgestaute Drau, links begrenzt die fahlgraue Felsmauer der Karawanken den Horizont. Dazwischen mäandriert das Sträßchen durch eine sanftgrüne Welt aus Wiesen, Wäldern, Äckern und schmucken Häuschen, ohne Apartmentsilos, Wohnmobilkonvois oder Schnellimbisstempel.

DRAMATIK PUR IN DER NATUR

Bei all dem Liebreiz darf man freilich nicht dem Irrtum verfallen, die südöstlichste Landesecke berge nicht auch wildromantische Naturdenkmäler. Wessen Puls beim Gang durch die Tscheppaschlucht bis zum gischtenden Tschaukofall nicht beschleunigt, der sollte besser nachmessen, ob sein Herz überhaupt noch schlägt. Ähnliches gilt, wenn man

Kraftort Hemmaberg

Special

Zur Quelle pilgern

Kelten, Römer, Christen – sie alle nutzten den Hemmaberg als Kultstätte. Noch heute zieht der idyllische Ort mit energiereicher Atmosphäre die Menschen an.

Weit ins Jauntal hinein ist der Hemmaberg mit seinen schroffen Felsen sichtbar – geschichtlich betrachtet ein wichtiger strategischer Punkt. Denn wer sich hier ansiedelte, genoss mehr Schutz und Sicherheit als im Tal.

Bereits die Kelten errichteten auf dem über 800 Meter hohen Gipfel einen Weihetempel, später nutzten die Römer das Plateau als Kultstätte. Die Überreste des frühchristlichen Wallfahrtsortes mit dem Gräberfeld sind gut erhalten und frei zugänglich. Die Grundmauern der fünf Sakralbauten, darunter zwei Doppelkirchen, begeistern Archäologen und gewähren Einblick in das spätantike Leben am Berg. Einheimische pilgern gern zur spätgotischen Wallfahrtskirche und zur Rosaliengrotte, deren Wasser heilsame Kräfte nachgesagt werden. Also nicht wundern, wenn entgegenkommende Wanderer Plastikkanister mit sich schleppen!

Wallfahrtskirche auf dem Hemmaberg

Der Künstler Valentin Oman hat auf dem Hemmaberg den Weg der Besinnung gestaltet. Der schöne Rundweg lädt zum Naturgenuss und Meditieren ein. Zudem erwarten einen entlang des Pfades immer wieder herrliche Ausblicke ins Tal.

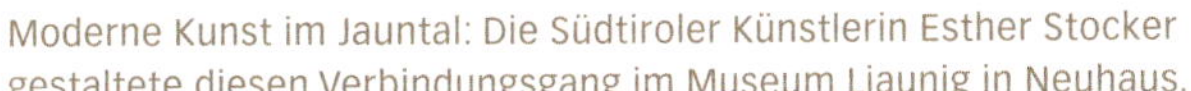

Moderne Kunst im Jauntal: Die Südtiroler Künstlerin Esther Stocker gestaltete diesen Verbindungsgang im Museum Liaunig in Neuhaus.

Neben den Werken von Werner Berg präsentiert das Museum in Bleiburg in Sonderschauen auch andere Künstler, wie etwa Karl Schmidt-Rottluff.

Der Bau des 2008 eröffneten, 2014/15 erweiterten privaten Museums des Industriellen und Kunstsammlers Herbert W. Liaunig wurde vom Wiener Architektenteam »querkraft« auf Wunsch des Bauherrn bewusst an Industriearchitektur angelehnt.

Nostalgisch unterwegs: Zwischen Weizelsdorf und Ferlach verkehren an Sommerwochenenden die Rosentaler Dampfzüge.

Gartenklassiker Heckenlabyrinth: In Rosegg kann man sich im größten ganz Österreichs lustvoll verirren.

Dramatische Natur im Südosten: Die senkrecht aufragende Koschuta-Felswand (Mitte) und die Tscheppaschlucht (unten) lassen niemanden kalt.

Das Meerauge im Bodental bei Windisch Bleiberg geht auf die letzte Eiszeit zurück.

nach kurzer Fahrt von St. Margareten nach Zell-Pfarre (Sele Fara) unvermittelt vor den Hunderte Meter senkrecht emporragenden Felswänden des Koschuta-Kalkstocks steht. Auf Gipfelstürmer wartet – vom Mittagskogel und Hochstuhl über Vertatscha und Koschutnikturm bis zum Hochobir und Petzen – eine lange Kette lohnender Herausforderungen. Und sollte es einmal dauerhafter regnen, was hier südlich des Alpenhauptkamms selten genug vorkommt, weicht man kurzerhand in die Unterwelt aus. Die Obir-Tropfsteinhöhle bei Bad Eisenkappel gilt als prächtigste in ganz Österreich. Auch in den felsigen Eingeweiden des Schlossbergs von Griffen, dem Geburtsort von Peter Handke, lässt sich durch eine geologische Traumwelt wandeln, deren vielfarbige Sinterformationen ihr den Superlativ der »buntesten Höhle des Landes« eingebracht haben.

KELTEN- UND GEGENWARTSKUNST

In der Griffener Höhle haben Paläoanthropologen Steinwerkzeuge, Feuerstellen und Tierknochen geborgen, die belegen, dass altsteinzeitliche Urahnen der Kärntner hier schon vor 25 000 Jahren Schutz vor Kälte und wilden Tieren suchten. Relikte keltischer Kultstätten sowie mehrerer frühchristlicher Kirchen fanden sich auf dem Hemmaberg bei Globasnitz, und Siedlungsreste von der Jungsteinzeit bis in die frühe Römerzeit auf dem Gracarca-Hügel über dem Klopeiner See. In Frög, am westlichen Eingang ins Rosental, haben Archäologen an die 300 Hügelgräber aus der Hallstattzeit freigelegt, mit aufsehenerregenden Beigaben wie Schmuck, Waffen und einem prunkvollen Totenwagen aus Blei. Ein sehenswerter Lehrpfad mit Museum informiert dort über die Keltenkultur.

Eine Fundgrube ist das Rosental auch – Achtung, Kontrastprogramm! – auf dem Feld der zeitgenössischen Kunst. Eines der verdienstvollsten Kreativzentren Unterkärntens bildet die Galerie Sikoronja in Rosegg, das übrigens auch ein schönes Schloss samt Tierpark und Heckenlabyrinth besitzt. Im Renaissanceschloss Ebenau in Weizelsdorf bei Feistritz betreibt die Galeristin Judith Walker schon seit Mitte der 1990er-Jahre eine Begegnungsstätte für renommierte Künstler aus aller Welt. Hier berühren besonders die mit Masken aus dem Spätwerk von Kiki Kogelnik bestückten Räume. Dem Schaffen der 1997 allzu früh an Krebs verstorbenen Pop-Artistin begegnet man auch in ihrem Heimatort Bleiburg – in Form des berühmten Stierbrunnens, der mittlerweile neben dem nicht minder berühmten Wiesenmarkt, einem Megafest mit über 100 000 Besuchern, zum Wahrzeichen des Bergbaustädtchens geworden ist.

Eine Pflichtadresse für Kunstfeinspitze ist das 2008 in Neuhaus bei Lavamünd eröffnete Privatmuseum des Kärntner Industriellen Herbert Liaunig. In dem architektonisch kühnen Bau ist eine der umfassendsten Sammlungen österreichischer Nachkriegskunst zu sehen. Die vielleicht repräsentativste Zusammenschau modernen Kunstschaffens Kärntner Provenienz findet sich jedoch in

DIE SÜDÖSTLICHSTE ECKE DES LANDES BIRGT WILDROMANTISCHE NATUR.

Stein im Jauntal. Die Stationen des Kreuzwegs, der sich dort zur gotischen Laurentiuskirche hinaufwindet, haben vierzehn Künstler aus dem Unterland in einer Gemeinschaftproduktion neu gestaltet, darunter so prominente wie Reimo Wukounig, Franz Brandl oder Valentin Oman. Auch diesem Projekt drückte Kiki Kogelnik ihren Stempel auf – mit einem Totentanz im zugehörigen Karner. Darin dreht sie auf ihre so typische heiter-kecke Art mit Insekten, Skeletten und grinsenden Schädeln aus glasierter Keramik dem Sensenmann eine lange Nase.

Ferlacher Gewehre

BEI DEN BÜCHSENMACHERN

Jäger und Waffensammler in aller Welt spitzen die Ohren, wenn die Rede auf Österreichs südlichste Stadt kommt. Denn die »Ferlacher« Gewehre, die man hier seit über 400 Jahren fertigt, zählen zu den besten Jagdwaffen überhaupt.

Kunstvolle Gravuren zeichnen eine Ferlacher Büchse aus – je aufwendiger, desto teurer.

Die Ursprünge des alten, selten gewordenen Büchsenmacherhandwerks reichen in Ferlach weit in die äußerst unsicheren Zeiten zurück, als hier im Süden des Habsburgerreiches permanent die Gefahr türkischer Angriffe drohte. Mitte des 16. Jahrhunderts soll Kaiser Ferdinand I. mehr als hundert Waffenschmiede aus den österreichischen Niederlanden nach Kärnten beordert haben. Damals wurden Militärgrenzen geschaffen, Städte wie Graz, Laibach und Klagenfurt befestigt, Waffenarsenale neu angelegt oder ausgebaut. Und es wurde die Produktion von Gewehren forciert.

VON DER MASSE ZUR KLASSE

Die erste Blüte erlebte die Ferlacher Büchsenindustrie zur Zeit des Dreißigjährigen Krieges. Seinerzeit erzeugte man Luntenschlossgewehre, später die ausgefeilteren Radschlossbüchsen, bei denen die unhandliche Lunte überflüssig wurde. Mehr als 150 Jahre sollten sie von der österreichischen Armee verwendet werden. Im 18. Jahrhundert bestimmte der Wiener Hofkriegsrat dann, dass die Bewaffnung sämtlicher Truppen der Monarchie ausschließlich aus Ferlacher Produktion zu erfolgen hatte. Rund 40 000 Exemplare fertigte man in den Werkstätten im Rosental an – inzwischen schon vom Steinschlossgewehr, das auch bei nassem Wetter eingesetzt werden konnte.

Im Zuge der Industrialisierung erwuchs den Ferlachern in der k. k. Gewehrfabrik in Wien und später in Steyr ernsthafte Konkurrenz. Die Produktionszahlen sanken. Alternativen suchte man in der Herstellung von »Eisengeschmeidewaren« und im Bereich ziviler Jagdwaffen. Um schließlich der militärischen Massenproduktion in Steyr gegensteuern zu können, verlegten sich die Ferlacher Büchsenmacher mit Erfolg auf Qualität statt Quantität.

EINE AUSSTERBENDE ZUNFT

Heute werkt in Ferlach gerade noch ein knappes Dutzend Büchsenmacher. Doch die sind international renommiert und ihre Produkte weltweit gefragt. So hat beispielsweise Ing. Peter Hambrusch das stärkste

Das Büchsenmacher- und Jagdmuseum im Ferlacher Schloss (oben) und die Höhere Technische Bundeslehr- und Versuchsanstalt (unten) halten Ferlachs Büchsenmachertradition lebendig.

Auf einen Blick

Wer sich eine »Ferlacher« nicht leisten kann oder will, aber an der Geschichte der Büchsenmacherei interessiert ist, dem steht das Büchsenmacher- und Jagdmuseum im Schloss Ferlach offen. In der aufwendig präsentierten Dauerschau geht es nicht nur um Schusswaffen und ihre Geschichte, sondern auch um die Jagd in all ihren Spielarten.

Öffnungszeiten: ganzjährig Mo.–Fr. 9.00–17.00, Sa 9.00 bis 12.00 Uhr

Adresse: Schloss Ferlach, Sponheimer Platz 1, A-9170 Ferlach, Tel. 04227 49 20, www.jagdmuseum-ferlach.at

Gewehr der Welt entwickelt – begehrt vor allem bei Großwildjägern. Ein eigener, unverwechselbarer Stil sei ebenso wichtig wie Innovativkraft im Bereich der Qualität, sagen die Handwerksmeister – und legen Wert darauf, dass es »die« Ferlacher Büchsenmacher eigentlich gar nicht gibt, sondern ein Dutzend verschiedene Namen, Identitäten und unterschiedliche Stile.

Mit Nostalgie hat dieses Beharren auf Individualität nichts zu tun, auch wenn die Betriebe teilweise auf eine über 200-jährige Geschichte zurückblicken können und Josef Koschat gar den »Bad Ischler Stutzen« von Kaiser Franz Josef wieder baut und erfolgreich anbietet. Die Herstellung solcher Gewehre erfordert jede Menge Wissen und Hingabe. Bei vielen »Ferlachern« ist es etwa üblich, mit den Kunden jedes Detail der Waffe zu besprechen, von der Wahl des Schaftholzes bis zur Gravur. Mit Preisen von 30 000 bis 80 000 Euro ist eine solche »Büchse« ja auch nicht eben wohlfeil – aber begehrt allemal.

SCHÜLER AUS ALLER WELT

Es sind indes nicht allein die Büchsenmacher, von denen die Tradition in Ferlach lebendig gehalten wird. Noch zu Zeiten der Monarchie wurde die k. k. Fachschule für Gewehrindustrie eingerichtet – die heutige Höhere Technische Bundeslehr- und Versuchsanstalt, auf der Schüler aus der ganzen Welt zu Büchsenmachern, Graveuren, Gold- und Silberschmieden ausgebildet werden. Außerdem hat sich eine Höhere Lehranstalt für Maschinenbau mit Schwerpunkt Waffentechnik etabliert.

Das geballte Knowhow hat auch den weltweit führenden Pistolenhersteller Gaston Glock dazu bewogen, seine Produktion in Ferlach anzusiedeln. Über 350 Beschäftigte fertigen für seine Firma mehrere Tausend Exemplare pro Tag. Im Vergleich dazu nimmt sich die Zahl der jährlich hergestellten Büchsen mit gerade einmal 300 bis 400 Stück verschwindend gering aus.

Maßstab 1:300.000
KLAGENFURT am Wörthersee
WOLFSBERG
VÖLKERMARKT
St. Veit a.d.Glan
Friesach
Feldkirchen in Kärnten
Velden a.W.
Ferlach
Bleiburg Pliberk
St. Paul i.Lavanttal
Bad St. Leonhard im Lavanttal
Bad Eisenkappel Železna Kapla
Dravograd
Slovenj Gradec
Frauenstein
Maria Saal
Pörtschach
Straßburg
Gurk
Althofen
Finkenstein
Karawankentunnel 7865m
Jesenice
Turracher Höhe
1
2
3
4
5
6
7

SPRACHEN UND KULTUREN

Nirgendwo sonst in Kärnten sind die slowenischen Spuren so präsent wie zwischen Karawanken und Drau. Wanderer begegnen ihnen in eindrucksvollen Landschaften mit schmucken Bauerndörfern; Kunstschätze warten in Museen und Galerien.

1 Rosegg

Die Marktgemeinde (1800 Einw.) bildet das westliche Tor zum Rosental. Sie ist ein guter Stützpunkt für Radfahrer und Wanderer.

SEHENSWERT

Im frühklassizistischen **Schloss** (Schloss Rosegg 1, www.rosegg.at; nur temporär im Sommerhalbjahr geöffnet für Konzerte, Theater u.a. Veranstaltungen) ist ein Figurenkabinett untergebracht. Ein paar Schritte weiter kann man den Orientierungssinn im **Gartenlabyrinth** (geöffnet wie Schloss) testen, während im **Tierpark** (Ende März–Anf. Nov. tgl. 9.00–18.00 Uhr) auf 24 ha die regionale Tierwelt aus der Nähe erlebt werden kann. Die **Keltenwelt Frög** (Bergweg 22, www.keltenwelt.at; Juli, Aug. Mi. bis Sa. 9.00–20.00, So. bis 17.00, Mai, Juni, Sept. Mi.–So. 10.00–17.00, 3. u. 4. April-Wochenende sowie 1. u. 2. Okt.-Wochenende 10.00–17.00 Uhr) ist ein Freilichtmuseum rund um die Hallstattkultur mit einem Lehrpfad durch ein Gräberfeld.

INFORMATION

Marktgemeinde Rosegg, Schlossallee 2, A-9232 Rosegg, Tel. 04274 27 12, www.rosegg.gv.at

2 Ferlach

Die Büchsenmacherstadt (7100 Einw.) ist der größte Ort im Rosental und von handwerklicher Tradition geprägt. Im **Schloss Ferlach,** einem Herrenhaus aus dem 16./18. Jh., ist heute das Büchsenmacher- und Jagdmuseum untergebracht (s. S. 67). Die Karawanken mit ihren herrlichen Wandergebieten sind ganz nah.

RESTAURANTS

Wirtshausspezialitäten aus der Region und schöne Zimmer für aktive Naturfreunde bietet der **€ Gasthof Plasch** (Ressnig 17, Tel. 04227 2370, www.gasthof-plasch.at). Der **€ Familienhof Sereinig** (11 km südwestl., Bodental 40, Tel. 04227 6300, www.familienhof.at) lockt mit guter Küche und Wandermöglichkeiten in den Talschluss des Bodentals in den Karawanken.

UMGEBUNG

Ein Erlebnis ist eine Tour durch die **Tscheppaschlucht** (4 km südl.; Mai–Okt. 8.30 Uhr bis Sonnenuntergang). Auf einem spektakulären Steig folgt man dem tosenden Wasser bis zum Tschauko-Wasserfall. Bergfexe, die den Karawanken näher kommen möchten, sollten eine Wanderung auf die **Koschuta** (20 km südöstl.) einplanen. Kunstsinnige bleiben im Tal, fahren mit dem Rosentaler Dampfzug (Sommer Sa./So. nachm., www.nostalgiebahn.at) nach **Weizelsdorf** und besuchen die Galerie Walker (www.galerie-walker.at) im Schloss Ebenau.

INFORMATION

Carnica-Region Rosental, Freibacher Str. 1, A-9170 Ferlach, Tel. 04227 51 19, www.carnica-rosental.at

3 Bad Eisenkappel

Auf 558 m Seehöhe blickt Bad Eisenkappel (900 Einw.) auf eine lange Tradition als Kur- und Luftkurort zurück. 1879 wurden Mineralquellen entdeckt, die noch heute genützt werden.

SEHENSWERT

Am Hauptplatz informiert ein **Geopark-Infozentrum** (www.geopark-karawanken.at) über die Natur in den Karawanken. Das **Peršman Museum** (Koprein-Petzen 3, www.persman.at; Mai–Okt., Fr.–So., Fei. 10.00–17.00 Uhr) dokumentiert die Verfolgung und den Widerstand der Kärntner Slowenen.

UNTERKUNFT

Im **€€€ Vivea Gesundheitshotel Bad Eisenkappel** (Vellach 9, Tel. 04238 9 05 00, www.vivea-hotels.com) kann man im Urlaub etwas für seine Gesundheit tun und die Heilkraft der Carinthia-Lithion-Quelle nutzen.

UMGEBUNG

Mit dem Shuttlebus (und nur damit) geht es vom Hauptplatz in Bad Eisenkappel in 30 Min. hinauf auf 1100 m Höhe zur **Obir-Tropfsteinhöhle** (www.hoehlen.at; Mitte April–Mitte Okt.; Führungszeiten variieren; Tickets reservieren online oder tgl. 9.00–15.00 Uhr unter Tel. 04238 8239; Gesamtdauer ca. 3 Std.). Romantiker wandern in **Gallizien** (15 km nordwestl.) zum Wildensteiner Wasserfall; Start nahe dem Gasthaus Zenkl (Wildenstein 49, Tel. 0664 104 22 49).

INFORMATION

Marktgemeinde Eisenkappel-Vellach, A-9135 Bad Eisenkappel, Tel. 04238 83 11, www.bad-eisenkappel.info

4 Völkermarkt

Oberhalb des Völkermarkter Stausees residiert die Stadt (10 900 Einw.) mit den Resten einer Befestigungsanlage und schmucken Bürgerhäusern im Zentrum.

Wanderung durch die Tscheppaschlucht; Keltentreffen im Freilichtmuseum Frög; Obir-Tropfsteinhöhle bei Bad Eisenkappel

Wehranlage um die Pfarrkirche Diex; Badesteg in St. Kanzian am Klopeiner See; Deckenfresko im Hemisphärensaal im Stift St. Paul

SEHENSWERT
In der Altstadt zeugen altes und neues **Rathaus** mit Rundturm, **Stadtmauerweg** sowie die Kirchen vom einstigen Reichtum der Stadt; eine **Pestsäule** erinnert an die Seuche. Im **Stadtmuseum** (Faschinggasse 1, Tel. 04232 25 71 39; Mai–Okt. Di.–Fr. 10.00–13.00, 14.00 bis 16.00, Sa. 9.00–12.00 Uhr) ist u. a. der Kärntner Abwehrkampf dokumentiert. Nach dem Ersten Weltkrieg war Völkermarkt einige Monate lang von jugoslawischen Truppen besetzt.

UNTERKUNFT
Im familiengeführten Landgasthof **€ Tamischwirt** (7 km westl.; Greuth 14, Tainach, Tel. 04232 29 77, www.tamischwirt.at) kann man preiswert übernachten.

RESTAURANTS
Der Gourmettempel **€€€€ Fischrestaurant Sicher** (10 km westl.; Mühlenweg 2, Tainach, Tel. 04239 26 38, www.sicherrestaurant.at; So. bis Di. geschl.) mit Gastgarten am Bach serviert Saiblingskaviar aus eigener Zucht. In der Raststation **€ Mochoritsch** (9 km nordöstl.; Gewerbestr. 11, Griffen, Tel. 04233 2 53 53, www.mochoritsch.at) direkt an der Autobahnausfahrt Griffen kommt Regionales frisch auf den Tisch.

UMGEBUNG
Der **Klopeiner See** (11 km südwestl.) lädt zum Schwimmen ein (s. S. 35). In der Nähe lohnt sich ein Abstecher nach **Stein im Jauntal** (13 km südwestl.). Ein von Künstlern gestalteter Kreuzweg führt hinauf zur Kirche, wo der Totentanz von Kiki Kogelnik besichtigt werden kann. **Stift Eberndorf** (9 km südl.) lockt an lauen Sommerabenden zu Komödienspielen im Innenhof. Das in Teilen 900 Jahre alte Stift beeindruckt mit der Kirche Maria Himmelfahrt. Sonnenhungrige starten eine Tour ins beschauliche Bergdörfchen **Diex** (14 km nördl.), den Ort mit den meisten Sonnenstunden im Land. Wer in **Griffen** (9 km nordöstl.) auf den Schlossberg spaziert, hat eine herrliche Aussicht auf die Region. Am Fuß des Berges befindet sich der Eingang zur Griffner Höhle (Griffen 53, www.tropfsteinhoehle.at; Führungen Mai–Sept. stdl. 9.00–16.00, Okt. nur 10.00, 13.00, 15.00 Uhr), die für ihr Farbenspiel bekannt ist.

INFORMATION
Stadtamt Völkermarkt, Hauptplatz 1, A-9100 Völkermarkt, Tel. 04232 25 71-47, www.voelkermarkt.gv.at

5 Bleiburg

1006 wurde Bleiburg (4000 Einw.) das erste Mal urkundlich erwähnt. Die Straßen unterhalb des Renaissanceschlosses sind gesäumt von alten Bürgerhäusern.

SEHENSWERT
Die Künstlerin Kiki Kogelnik ist in Bleiburg aufgewachsen. Der markante **Freyungsbrunnen** als Stierfigur trägt ihre Handschrift. Vis-à-vis bewahrt das **Werner-Berg-Museum** (10.-Oktober-Platz 4, www.wernerberg.museum; Ende Mai–Okt. Di.–So. 10.00–18.00 Uhr) das Werk des 1904 in Wuppertal-Eiberfeld geborenen Künstlers, der von 1931 bis zu seinem Tod 1981 als Maler und Bergbauer auf dem entlegenen Rutarhof nahe der slowenischen Grenze lebte.

VERANSTALTUNG
Seit über 600 Jahren wird der **Bleiburger Wiesenmarkt** (Anf. Sept.; www.bleiburgerwiesenmarkt.at) abgehalten, ein riesiges Volksfest.

UNTERKUNFT/RESTAURANT
Das Lokal im Erdgeschoss des **€ Breznik** (Hauptplatz 9, Tel. 04225 20 26, www.brauhaus.breznik.at) ist für seine Biere bekannt, oberhalb lässt es sich im Stadthotel angenehm schlafen. Über 150 Jahre Wirtshauskultur bietet der gemütliche **€€ Landgasthof Hafner** (Neuhaus, Oberdorf 14, Tel. 04356 2044, www.hadnwirt.info) – ein Pionierbetrieb der Had'nschmankerln mit sehr guter Regionalküche und vielen Nudelgerichten (siehe auch www.hadn.info).

UMGEBUNG
Geschichtsliebhabern wie Naturfreunden sei ein Ausflug auf den **Hemmaberg** (12 km westl., s. S. 62) empfohlen. Von hier aus führt der überregionale Hemmapilgerweg bis nach Gurk.

INFORMATION
Stadtgemeinde Bleiburg, 10.-Oktober-Platz 1, A-9150 Bleiburg, Tel. 04235 21 10, www.bleiburg.gv.at

6 Stift St. Paul

Im frühen Mittelalter wurde die Burg an der Stelle eines römischen Kastells errichtet, das seinerseits vermutlich auf eine illyrische Burg zurückging. Seit 1091 leben in den Gemäuern Benediktinermönche. Sie unterhalten hier eines der größten Privatgymnasien Österreichs, das u. a. Hugo Wolf und Paul Hörbiger besuchten.

SEHENSWERT
Im Stift können einige kurzweilige Stunden mit der Besichtigung der romanischen Basilika, der wertvollen privaten Kunstsammlungen mit Werken von Rubens oder Holbein, der Bibliothek, des Barock- und Kräutergartens sowie des Museums verbracht werden. Allein das **Stiftsmuseum TOPZIEL** (Hauptstr. 1, www.stift-stpaul.at; Mai–Okt. Mi.–So. 10.00–17.00 Uhr) umfasst 4000 m²; es wird zu Recht als Schatzkammer Kärntens bezeichnet. Zudem wird im Stift seit 1979 um Pfingsten herum der St. Pauler Kultursommer veranstaltet, ein großes Musikfestival (www.kuso-stpaul.com).

RESTAURANT
Das **€ Café Belvedere** (Hauptstr. 1, Tel. 0650 73 27 393; Mo., Di. geschl.) serviert im barocken Stiftsgarten Kaffee und Kuchen oder regionale Spezialitäten und ein Gläschen Stiftswein.

Tipp

Sommertheater

Zeitgenössisch interpretierte Bühnenklassiker oder poetische Musikstücke – das Sommertheater auf der Heunburg bei Völkermarkt setzt auf hochwertigen Theatergenuss unter freiem Himmel und ist ein echter Geheimtipp für Kulturfreunde. Ihren Erfolg als Spielstätte hat die Burg einer aufwendigen Sanierung und der Initiative der Einheimischen zu verdanken. Sie retteten die 1070 erstmals erwähnte Heunburg in letzter Minute vor dem Verfall.

A-9111 Haimburg, Tel. 0650 7 62 43 95, www.heunburgtheater.at.

UMGEBUNG
In **Neuhaus** (12 km südl.) wartet der nächste Kulturhöhepunkt: das Museum Liaunig (Neuhaus 41, www.museumliaunig.at; Ende April bis Okt. Mi.–So. 10.00–18.00 Uhr) mit einer der umfangreichsten Sammlungen zeitgenössischer Kunst ab der Nachkriegszeit sowie, als Kontrapunkt, Goldobjekten der Akanvölker Westafrikas. Mutige zieht es zur Jauntalbrücke nach **Ruden** (12 km südwestl.), wo das Bungee-Jumping (www.bungy.at; bei geeigneter Witterung Juli/Aug. Mi.–So., Mai/Juni, Sept. Sa./So., April, Okt. nur So. 12.30–16.00 Uhr) bereits Kult ist.

INFORMATION
Marktgemeindeamt St. Paul, Platz St. Blasien 1, A-9470 St. Paul im Lavanttal, Tel. 04357 20 17, www.sanktpaul.at

7 Wolfsberg

Das Zentrum des Lavanttals ist die drittgrößte Stadt (25 000 Einw.) Kärntens, mit einer sehenswerten Altstadt. In den Hügeln zwischen Koralpe und Saualpe lässt sich herrlich wandern.

SEHENSWERT
Die Obere Stadt bietet sich für einen Spaziergang an: vom **Rathaus** (1888) mit der steinernen Brücke, vorbei an Bürgerhäusern aus dem 16./17. Jh., zum **Hohen Platz** mit der barocken Mariensäule oder zur 1216 erstmals erwähnten Stadtpfarrkirche **St. Markus.** Auch der kurze Anstieg zum **Schloss** lohnt sich, zum einen wegen der fantastischen Aussicht über die Stadt und dem netten Panoramacafé, zum anderen wegen seines neugotischen Tudorstils und dem herrschaftlichen Landschaftsgarten. Mehr über Kultur und Natur im Lavanttal erfährt man im **Museum im Lavanthaus** (St. Michaeler Str. 2, www.museum-lavanthaus.at; Mai bis Okt. Mi.–So. 10.00–17.00, sonst Mi.–Sa. bis 16.00 Uhr).

UNTERKUNFT
Das Topwellnesshotel **€€€ Moselebauer** (22 km nördl.; Kliening 30, Bad St. Leonhard, Tel. 04350 23 33, www.moselebauer.at) liegt am Fuße des Klippitztörl, mitten in der Natur.

EINKAUFEN
Im **Haus der Region** (Getreidemarkt 3, Tel. 04352 3 51 55, www.hdr.or.at) gibt es Lavanttaler Schmankerln und regionale Weine sowie kunsthandwerkliche Souvenirs.

UMGEBUNG
Dank Gold, Silber und Schwefelquellen entstand einst in **Bad St. Leonhard** (20 km nördl.) eine beeindruckende Wallfahrtskirche. Sie ist dem Schutzheiligen der Gefangenen geweiht und mit 139 gotischen Glasfenstern geschmückt.

INFORMATION
Tourismusverband Wolfsberg, Minoritenplatz 1, A-9400 Wolfsberg, Tel. 04352 33 40, www.tourismus-wolfsberg.at

GENUSSRADELN AUF DEM DRAURADWEG

Am Wasser entlangzuradeln ist Erholung pur, da die Strecke meist familienfreundlich ist und die Kräfte schont. Das gilt auch für den Drauradweg, der weitgehend direkt dem Flussufer folgt – von Südtirol über Kärnten nach Slowenien, insgesamt 366 Kilometer lang. Der größte Teil davon, rund 250 Kilometer, liegt in Kärnten, ist als R1 ausgeschildert und wurde vom ADFC als 5-Sterne-Qualitätsroute ausgezeichnet. Abwechselnd fahren die Radler auf Asphalt, Sand oder Feinschotter, die meiste Zeit eben oder leicht bergab.

Die Drau, die in Toblach als kleines Bächlein entspringt, gewinnt ab Lienz nicht nur an Fahrt, sondern auch an Volumen. Wild prescht sie durchs Drautal, während sie im Südosten Kärntens wieder ruhiger wird, nicht zuletzt weil der Mensch sie unter anderem durch Stauseen gebändigt hat. Inzwischen sind die Seen zu kleinen Naturparadiesen geworden, in denen sich Wasservögel und andere Tiere wohlfühlen.

Einmal quer durch ganz Kärnten führt der Drauradweg – hier bei der Villacher Friedensbrücke.

Unterwegs führen Abzweigungen zu spannenden Attraktionen, Sehenswürdigkeiten oder Badeseen. Über fünfzig Gastronomie- und Hotelleriebetriebe entlang der Strecke haben sich auf die Bedürfnisse der Radler spezialisiert und vermarkten sich unter dem Namen »Drauradweg-Wirte".

Strecke: Von Toblach bis Lavamünd 6 Etappen zwischen 38 und 89 km; die 7. Etappe in Slowenien, bis Maribor, ist nur für sportliche Radler geeignet.
Service: Unterkünfte, Einkehrmöglichkeiten, Radverleiher, Radtaxis, Reparaturwerkstätten und weitere Dienstleister findet man auf www.drauradwegwirte.at
Radurlaub: Pauschalreisen auf www.alps2adria.info
Informationen: Streckenbeschreibungen, GPS-Route zum Download und viele weitere Informationen findet man auf www.drauradweg.com

TECHNISCHER HOF
SPRINGER
Fesches Madl

Villach und der Südwesten

DIE LEICHTIGKEIT DES SEINS

Die oft und gern als »Kärntens heimliche Hauptstadt« bezeichnete Draumetropole Villach liegt im Herzen einer mit idyllischen Badeseen, wildromantischen Gebirgstälern, Aussichtsbergen und Thermalquellen gesegneten Urlaubsregion mit fast mediterranem Flair.

Der Villacher Kirchtag ist Österreichs größtes Brauchtumsfest: weit über hundert Einzelveranstaltungen eine ganze Woche lang.

Villach kann auch beschaulich wirken: Blick aus dem Hotel »Holiday Inn«, direkt neben dem Kongresszentrum, über die Drau auf die Altstadt.

DREI KÄRNTNER, BELIEBIG AUSGEWÄHLT, BILDEN UNWEIGERLICH EINEN CHOR.

Alle Jahre wieder erschallt am Faschingsdienstag nach Feierabend österreichweit in Hunderttausenden Haushalten unisono ein seltsamer Gruß: »Lei Lei!« Die halbe Nation wohnt dann via Fernsehen einem Ereignis bei, das bis weit über Kärntens Grenzen hinaus Kultstatus besitzt. Der »Villacher Fasching« ist für die Draumetropole, was der Opernball für Wien und die Festspiele für Salzburg sind – ein Instrument der kulturellen Selbstvergewisserung. Feingeister mögen die Nase rümpfen ob des schenkelklopfenden Brachialhumors, mit dem man auf der Bühne des Kongresszentrums Prominente parodiert und es den »Großkopferten« mal so richtig sagt. Tatsache ist aber, dass die Sitzungen der Faschingsgilde, die seit 1963 über die Bildschirme flimmern und zu ihren besten Zeiten wahre Straßenfeger waren, bis heute eine treue Fangemeinde haben.

LEICHTBLÜTIG, MUSISCH UND TOLERANT

Ausgelassenes, frivol-freches Treiben als Exportschlager unter dem Label »allweil lustig, allweil fidel«, das passt zu dem Ruf, der Kärntnern generell vorauseilt. Leichtblütig und offenherzig, sagt man, seien sie, feierfreudig, überdurchschnittlich sentimental, musisch und tolerant. Wie so oft bei Klischees, steckt in solchen Zuschreibungen mehr als nur ein Körnchen Wahrheit. So ist etwa die Sangeslust der Kärntner sprichwörtlich. Drei von ihnen, heißt es, beliebig ausgewählt, bildeten unweigerlich einen Chor. Tatsächlich zählt das Land an die 700 Gesangsvereine mit insgesamt mehr als 30 000 Mitgliedern. Ein Lied können Fremde auch von der kärntnerischen Ungezwungenheit und Gastfreundschaft singen – Eigenschaften, die sich an jedem Wirtshausabend unter Einheimischen oder bei jeder Frage nach dem richtigen Weg offenbaren. Selbst das schwierige Verhältnis zur politischen Vergangenheit wird gern in einen Scherz verpackt. Unausrottbar geistert der Kalauer vom Punschkrapfen als Symbol für den Charakter hiesiger Ewiggestriger: Wie jene beliebte österreichische Mehlspeise mit ihrer rumhaltigen Füllung seien auch sie »außen rosarot, innen braun und des Öfteren besoffen«.

DYNAMIK UND CHARME AN DER DRAU

Natürlich wäre es mehr als unfair, Wesen und Wirken von Kärntens zweitgrößter Stadt auf das närrische Treiben in der fünften Jahreszeit zu reduzieren. Villach hat – abgesehen auch von seinem zweiten Mega-Brauchtumsevent, dem Anfang

Beim Trachtenfestzug am Kirchtagssamstag (dem ersten Samstag im August) ziehen über 3000 Teilnehmer durch Villachs Straßen …

… begleitet von Dutzenden Blasmusikkapellen aus der ganzen Region.

Der Villacher Hauptplatz wird zum riesigen Gastgarten, in dem Jung und Alt traditionelle Kirchtagsschmankerl genießen und sich von Österreichs beliebtesten Volksmusikgruppen unterhalten lassen.

Villachs Hausberg, der 2167 Meter hohe Dobratsch, ist Naturschutzgebiet.

Kärntens älteste Straße: Der Römerweg im Villacher Vorort Warmbad ist heute Natur- und Kulturlehrpfad.

VILLACH IST IN EINE SEHR MALERISCHE LANDSCHAFT EINGEBETTET.

Ausgangspunkt zahlreicher Wanderwege auf dem Dobratsch ist die Rosstratte (1732 Meter) am Ende der mautpflichtigen Villacher Alpenstraße. Vor, nach – oder statt – einer Wanderung genießt man hier den Blick auf die Julischen Alpen.

August abgehaltenen Kirchtag – eine Menge mehr zu bieten. Es ist ein dynamischer Hightech-Standort; der Halbleiterhersteller Infineon zum Beispiel betreibt hier ein Riesenwerk. Es ist Verkehrsknotenpunkt; seit alters kreuzen sich an der Mündung der Gail in die Drau die Fernwege zwischen Ober- und Unterkärnten, Salzburg, Süddeutschland, dem Wiener und dem adriatischen Raum. Und es besitzt trotz der im Zweiten Weltkrieg erlittenen Bombenschäden einen sehenswerten Kern mit verwinkelten Gässchen und einem von alten Bürgerhäusern gesäumten Hauptplatz, die gemeinsam als verkehrsbefreite Flanierzone zum Verweilen laden.

Vor allem aber liegt Villach, das seine gegenwärtig gut 61 000 Einwohner stolz »Kärntens heimliche Hauptstadt« nennen, in eine überaus malerische Landschaft eingebettet. Um die in ihrer ganzen Pracht zu genießen, muss man bloß über das kurvige Mautsträßchen auf den Hausberg Dobratsch hinauffahren. Hier, 2167 Meter über der gar nicht so fernen Adria, liegt alles wie in Cinemascope vor einem ausgebreitet: die Stadt, dahinter der türkisblaue Faaker See, Österreichs südlichste Badewanne, zu Füßen des majestätischen Mittagskogels. Linkerhand, smaragdgrün, der Ossiacher See; an seinem schattenreichen Ostufer – mehr zu erahnen als zu sehen – das namensgebende, vor beinahe tausend Jahren gegründete Stift Ossiach. Davor die renovierte Ruine Landskron; im Hintergrund der Wander-Ski- und Aussichtsberg Gerlitzen; und vis-à-vis, im Westen, die Zacken und Mauern der Hohen Tauern, der Karnischen und Gailtaler Alpen.

HEILSAME QUELLEN

Apropos Dobratsch: In direktem Zusammenhang mit dem Hausberg steht auch das vielleicht größte Geschenk, das die Natur der Stadt beschert hat: die Thermalquellen, die an seinem Fuß aus dem Erdinnern sprudeln und die schon die alten Römer schätzten. In der frühen Neuzeit hat sie kein Geringerer wieder-

»Lebenslust in Türkis« bietet der Faaker See direkt vor Villachs Haustür, nicht nur im Strandbad Drobollach. Im Hintergrund winkt der Mittagskogel.

»EINES VOGELS FLUG DURCH DEN WEITEN HIMMEL TRÄGT DEN SCHAUENDEN MIT.«

Unbekannter Verfasser

entdeckt als der Renaissancearzt, Physicus und Alchimist Theophrastus Bombastus von Hohenheim, genannt Paracelsus. Er war es auch, der in seinem berühmten Bäderbuch ihre Heilkraft pries und damit den Grundstein für die Entstehung von Warmbad-Villach legte. Der südliche Vorort ist heute mit seinen Therapien, der hypermodernen Erlebnistherme und dem noblen Wellnesshotel Warmbaderhof ein Kur- und Urlaubsort von internationalem Rang.

MEMENTO FÜR DEN FRIEDEN

Kulissenwechsel in den äußersten Südwesten, nach Kötschach-Mauthen, einem der Zentren des Gailtals und der bei Aktivsportlern beliebten Region »Naturarena Kärnten«. Gleich hinter der Doppelstadt führt eine reizvolle Straße hinauf zum Plöckenpass, an die Grenze zu Italien. Reizvoll nicht nur, weil sich Ausblicke in die prächtige Berglandschaft der Karnischen Alpen eröffnen, sondern auch aus geschichtlichen Gründen. Wo sonst wird einem die Absurdität des Krieges so hautnah vor Augen geführt? In den Felswänden unterhalb der zerfurchten Gipfel hockten 1915 bis 1917 Abertausende italienische und österreichische Soldaten in ihren Stellungen, froren, hungerten, gruben Tunnels und beschossen, was immer sich auf der jeweils anderen Seite regte. Das einstige Kampfgebiet ist heute Freilichtmuseum. Auf einer zweistündigen Bergwanderung, die beim Plöckenhaus auf der Passhöhe beginnt und endet, können Schwindelfreie auf dem teilweise dicht von Latschen bewachsenen und von Felsspalten durchzogenen Hochplateau – Vorsicht bei Nebel! – die Frontsteige und Stellungssysteme mit den verästelten Schützengräben, Kavernen und Kasematten besichtigen. Ergänzend fungiert das Antikriegsmuseum unten im Ort als Augenöffner. Mit seiner Dauerschau »1915–1918: Vom Ortler bis zur Adria« dokumentiert es nicht nur das Kampfgeschehen und den soldatischen Alltag. Auch die vielfältigen Initiativen rund um die »Friedenswege« entlang der einstigen Südwestfront, die sich vom Plöcken bis zum Col di Lana im Raum Cortina hinzog, sind dargestellt. Nicht umsonst sind die Betreiber für ihre fachlich so fundierte, zeitlos gültige Erinnerungsarbeit schon mit etlichen Museumspreisen bedacht worden.

RÜCKSTÄNDIGKEIT ALS VORSPRUNG

Westlich von Kötschach-Mauthen schraubt sich eine Straße in zahllosen Kurven hinauf in ein Hochtal, das bis heute fernab der großen Verkehrs- und Urlauberströme liegt und unter Kennern

In Egg am Faaker See, bei dem Aussichtspunkt am Egger Marterl, werden die Spaziergänger vom Mittagskogel gegrüßt.

Frei fliegende Greifvögel üben eine große Faszination auf den Menschen aus. Die Adlerarena auf Burg Landskron, zwischen Villach und dem Ossiacher See, vermittel viel spannendes Wissen über die Könige der Lüfte.

Kinderparadies: Den Priglhof der Familie Berger, nördlich von Villach, schätzen Familien wegen der herzlichen Gastgeber und der vielen Tiere.

Im Krastal wird seit Römerzeiten weißer Marmor abgebaut. Seit 1967 finden hier regelmäßig Bildhauersymposien statt. Die in Villach geborene Charlotte Schnabl ist dazu aus Brüssel angereist, wo die junge Künstlerin mittlerweile lebt und arbeitet.

Mitte: Bei einer Schifffahrt auf dem Ossiacher See hat man den Dobratsch fast immer im Blick. Unten: Verlängert man die gedachte Linie von Ossiach über den Dobratsch um rund vierzig Kilometer Richtung Westen, landet man in Dellach im Gailtal, wo der familienfreundliche Geo-Trail Zollnersee durch eine vielgestaltige, abwechslungsreiche Almlandschaft führt.

Petri Heil: Am fischreichen Afritzer See im Gegendtal dürfen kleine und große Angler mit Erfolgserlebnissen rechnen.

Special

Carinthischer Sommer

Klingendes am See

Jazz im Barocksaal, alte Musik im Innenhof, Klassik in der Stiftskirche – im Sommer verwandelt sich das Stift Ossiach zu einer Hochburg für erstklassige Musik.

Während nur wenige Meter weiter noch Urlauber in der Sonne liegen oder eine letzte Runde im See schwimmen, stimmen die Ensembles im Stift Ossiach längst ihre Instrumente für den großen Auftritt. Seit 1969 wird in den ehrwürdigen Gemäuern jedes Jahr ein Musikfestival gefeiert, das zwei Monate lang Bekanntes, aber auch Überraschendes aus Klassik, Jazz, Volksmusik, Rap und Kirchenmusik präsentiert – der Carinthische Sommer. Von Beginn an als zentraler Aufführungsort dient die Stiftskirche. Die dreischiffige romanische Pfeilerkirche wurde um 1740 barockisiert und ist für die besonders prachtvollen Fresken von Josef Ferdinand Fromiller bekannt, die es auch in den Stiftssälen zu bewundern gibt.

Carinthischer Sommer in der Stiftskirche

Ein stimmungsvoller Rahmen für Konzerte.

Das Stift selbst wurde schon vor über tausend Jahren gegründet und diente bis zur Aufhebung 1782 den Benediktinern als Männerkloster. Der Legende nach soll der Polenkönig Boleslaus eine Zeit als schweigender Büßer im Kloster verbracht haben und auch hier gestorben sein.

als eines der letzten wirklich unberührten Paradiese Kärntens gilt: das Lesachtal. Bucklige, dunkelgrün bewaldete Berghänge, darüber die schroffen, hellgrauen Gipfel der Karnischen Alpen, tief unten das schmale Bett der Gail, gespeist von mehr als siebzig Wildbächen, die ihr entgegenstürzen. Auf halber Höhe, an schmalen Sonnenterrassen, fünf Dörfer mit jeweils einer Handvoll Wohn- und Gasthäusern oder Kaufläden, dazu zwei Dutzend über die steilen Wiesen verstreute Weiler sowie ein Gemeindeamt, eine Bankfiliale, eine Schule. 1300 Bewohner hat das 25 Kilometer lange Tal. Es werden immer weniger, und unter den verbliebenen 250 Bauern pendeln wochentags mehr und mehr zum Nebenerwerb. Ein Paradies?

»Ich hab' manchmal Albträume. In denen ist unsere Straße begradigt und verbreitert, Autobusse karren Heerscharen von Tagesausflüglern ins Tal. Manchmal träum' ich auch, dass ein Ferienclub hier sein Animationszentrum baut und uns zu Liftbügelhaltern degradiert.« Hans Windbichler hatte schon früh eine Vorstellung vom Paradies, an die sich viele seiner Landsleute erst gewöhnen mussten. Als Vollzeitbauer betreute er in den 1990er-Jahren nebenberuflich den Verein »Entwicklungsinitiative Lesachtal« – seit 2015 schon ist er der Bürgermeister des

Selbstversorgung, insbesondere das Brotbacken, spielte im abgelegenen Lesachtal von jeher eine bedeutsame Rolle. Noch heute wird die Brotbackkunst hier liebevoll gepflegt – die UNESCO hat sie sogar ins immaterielle Kulturerbe aufgenommen. In Liesing wird das Lesachtaler Dorf- und Brotfest gefeiert (rechts), und im »Alpenhotel zum Wanderniki« weiht Seniorchefin Rosa Lanner die Gäste in die Geheimnisse des Brotbackens ein.

Kein Brot ohne Mehl: Bis heute wird das Lesachtal auch »Tal der hundert Mühlen« genannt, obwohl die allermeisten davon längst verschwunden sind. Der Mühlenweg Maria Luggau stellt fünf alte Wassermühlen aus dem 17. und 18. Jahrhundert vor.

Das Lesachtal hat sich dem sanften Tourismus verschrieben – und wurde dafür schon mit zahlreichen Auszeichnungen bedacht. Das Etikett »naturbelassenstes und umweltfreundlichstes Tal Europas« hilft beim Werben um entsprechend gesinnte Feriengäste, ist aber auch Verpflichtung.

In der Weißensee-region kommen Radler auf ihre Kosten – auf anspruchsvollen Mountainbikekursen oder bei Genusstouren am Seeufer entlang.

DAS KONZEPT EINES SANFTEN TOURISMUS ERWIES SICH LANGFRISTIG ALS ERFOLG.

Tales, in dem erst 1957 der elektrische Strom Einzug hielt. Und wenn er sich in der holzgetäfelten Stube seines Hofes, hoch droben am Berg, in Obergail, an jene Pionierzeiten erinnert, ist ihm die Zufriedenheit über das Erreichte anzumerken. Damals habe man »mit kleinen Schritten, ohne Großmannsucht« das Tal wach geküsst. Mit der Zucht des Lesachtaler Lamms zum Beispiel, dessen hochwertiges Fleisch heute Feinschmecker in ganz Kärnten schätzen. Mit der Sanierung uralter Anwesen, dem Verkauf kunsthandwerklicher Produkte, der Installierung von Solaranlagen in Eigenregie. Und mit Vermieterringen, die den »Urlaub am Bauernhof« professionell vermarkten.

EUROPAS NATURBELASSENSTE REGION

Pro Talbewohner nur ein Fremdenbett: Mit derartiger Selbstbeschränkung entging man den Klauen der kreditgebenden Banken und fährt man bis heute gut. Überhaupt erwies sich das damals höchst innovative Konzept eines sanften Tourismus langfristig als Erfolg. Seinerzeit heimsten die Lesacher reihenweise Preise ein. Die Naturfreunde-Internationale etwa kürte das Tal zur »Landschaft des Jahres«, der deutsche Südwestrundfunk gar zu der »naturbelassensten und umweltfreundlichsten Region Europas«. Was kurz zuvor noch als Region ohne Zukunft gegolten hatte, war mit einem Mal zum Vorbild geworden.

Inzwischen hat jedes Dorf seine Eigenheiten herausgestrichen. In Maria Luggau, dem Wallfahrtsort am Talende mit seinem Servitenkloster, hat man die alten Mühlen renoviert. Das benachbarte St. Lorenzen hat das traditionsreiche Tuffbad zu einem zeitgemäßen Kur- und Wellnesszentrum ausgebaut. In Liesing rief das Kärntner Bildungswerk die Erste Alpenländische Volksmusikakademie ins Leben, an der das ganze Jahr über professionelle Lehrer Kurse für Instrumentalmusik und Gesang abhalten. Und Birnbaum hat sich erfolgreich als Wildwasser- und Bergsteigereldorado etabliert. Es besitzt sogar die größte Schaukel Europas, genannt »Mega dive«, die einen an siebzig Meter langen Seilen mit hundert Stundenkilometern über die Baumwipfel sausen lässt. Freilich, meint Hans Windbichler beim zweiten Gläschen vom Selbstgebrannten, gebe es wohl hie und da auch etwas zu kritisieren; die Reduktion der Postbusdienste etwa oder die Einsparungen bei den Gendarmerieposten. Gegen manch negative Entwicklungen der Welt »draußen« ist eben nicht einmal ein Bilderbuchidyll wie das Lesachtal immun.

Das Brauchtum wird vielerorts in Kärnten in Ehren gehalten, in Feistritz an der Gail etwa beim Kufenstechen am Kirchtag.

Die Untergailtaler Kirchtagstracht ist aufwendig, bunt und fröhlich und wird auch als Slawische Tracht bezeichnet.

Beim eigentlichen Kufenstechen reiten die Burschen auf ungesattelten Norikern im Galopp an einem Pfahl vorbei und versuchen das daran befestigte Holzfass – die Kufe – mit dem Eisenschlögl zu zerschlagen. Wenn das vollbracht ist, führen sie die Mädchen zum Lindentanz.

Kärntens Küche

SÜDLICHE SCHMANKALAN

Reindling und Ritschert, Kasnudel und Kirchtagssuppe: In Österreichs südlichstem Bundesland stecken Schüsseln, Töpfe und Pfannen voller Überraschungen. Aus der ursprünglichen Arme-Leute-Kost sind längst kulinarische Freuden für Feinspitze geworden. Sissy Sonnleitner, Ikone kärntnerischer Kochkunst, erläutert ihre Herkunft und Essenz.

Es begab sich im Jahre 1485, dass der bischöfliche Sekretär Paolo Santonino seinen Chef, den Bischof von Aquilea, auf einer Visitationsreise an den Nordrand des Bistums begleitete, wo ihnen am 16. Oktober in Mauthen, im Südwesten Kärntens, eine üppige Speisenfolge aufgetischt wurde. Dass uns sämtliche zehn Gänge heute noch im Detail bekannt sind, verdanken wir Santoninos akribischem Reisebericht. Seine kulinarische Chronik, das älteste Dokument dieser Art aus dem Kärntner Raum, bezeugt zweierlei: Einerseits, dass die geistlichen Herren auf solchen Fahrten nicht nur durch die Türken zerstörte Kirchen neu weihten, Firmungen spendeten und die niedrigrangige Geistlichkeit kontrollierten, sondern auch schlemmten, was das Zeug hielt. Andererseits, dass man es sich in Kärnten immer schon gut gehen lassen konnte. Damals allerdings nur, wenn man der – äußerst schmalen – Oberschicht angehörte.

Mehr als 30 Jahre prägte Sissy Sonnleitner (rechts; hier mit Tochter Stefanie) die Kärntner Küche entscheidend mit.

ARME-LEUTE-KÜCHE

Die große Mehrheit der Menschen musste sich mit dem bescheiden, was sich mit dem Begriff der Leibeigenenkost charakterisieren lässt. Denn als Bauern waren sie von Adel und Klerus unter ein schweres Joch gezwungen. Ihr Speiseplan enthielt ausschließlich, was der eigene Hof hergab: Milch und Milchprodukte, Gemüse, Kräuter und Getreideerzeugnisse wie Nockerln, Nudeln, Talggn oder Knödel. Fleisch, ob aus dem Stall oder freier Wildbahn, war dem Grundherrn abzuliefern. Höchstens »minderwertiges Zeug« wie Eingeweide, Schweinsköpfe, Haxen und Hirn durften die Zehentpflichtigen behalten. Das verarbeiteten sie zu Würsten, Speck, Verhackertem. Braten gab es nur mal an Festtagen.

KULINARISCHE HOCHÄMTER

Natürlich haben Kärntens Köche die Originalrezepte ihrer Heimat inzwischen mit viel Fantasie angereichert, verfeinert und modernen Essgewohnheiten angepasst. Die bäuerlich-bodenständige Herkunft kann man freilich bei den meisten Gerichten noch schmecken. Und schmecken kann man auch Kärntens Lage an der Grenze zu anderen Kulturräumen: die Einflüsse aus dem Friaul, aus Venetien, dem slowenischen Karst und sogar von der Adriaküste. Vielleicht ist es kein Zufall, dass der kleine Markt Kötschach Mauthen im äußers-

Oben: Kirchtagssuppe mit Reindling, ein typisches Gericht der Kärntner Traditionsküche, wird ganz unprätentiös beim Villacher Kirchtag serviert.

Links: Die Schaukäserei der Tressdorfer Alm, hoch über dem Gailtal, erzeugt ihren Frischkäse nach Slow-Food-Prinzipien. Zum italienischen Pendant, dem Ricotta, ist es vom Nassfeld nicht weit.

ten Südwesten, wo einst Santonino so fulminant völlerte, über Jahrzehnte einen Brennpunkt des gastronomischen Geschehens dargestellt hat. Über dreißig Jahre hat Sissy Sonnleitner in ihrem »Landhaus Kellerwand« kulinarische Hochämter zelebriert, ehe sie sich 2020 in den nur allzu wohlverdienten Ruhestand zurückgezogen hat. Zu Österreichs »Köchin des Jahres« hat man sie erkoren und ihr drei Hauben verliehen. Die Lobeshymnen aus dem In- und Ausland strotzten vor Superlativen. Wer wäre berufener als sie, das innerste Wesen der Kärntner Kochkunst zu definieren?

VOM REINDLING ZUR KIRCHTAGSSUPPE

»Eine Symbiose aus karnischer Bodenständigkeit und mediterranem Temperament«, nennt Sissy Sonnleitner die Küche ihrer Heimat. »Eine Küche der reduzierten Form, der altbewährten Zutaten; eine geradlinige Küche ohne Umstände, in ihren Elementen klar erkennbar.« Jeder Teller, erklärt sie, habe ein *cuore*, ein Herz, dem die weiteren Bestandteile zuspielten, ohne dass man sich in Aromen und Ingredienzen verzettele. Die regionale Küche beziehe die Kulturräume Slowenien und Friaul-Julisch-Venetien mit ein. Beispiele für kulinarische Gemeinsamkeiten dieses Großraums gibt es in Hülle und Fülle. Der Kärntner Reindling heißt in Friaul Gubana, in Slowenien Potizza; der Ritschert mutiert jenseits der Karnischen Alpen zur Jota, die obendrein mit Sauerkraut versetzt ist. Auch der Räucherschotten der Gailtaler Almsennereien hat ein Pendant auf der italienischen Seite: den geräucherten Ricotta, den es nur in der Carnia gibt.

Ein typisches Produkt dieser gegenseitigen Beeinflussung ist für Sissy Sonnleitner die Kärntner Kirchtagssuppe. Exotische Gewürze waren

Mit drei Gault-Millau-Hauben wurde Michael Sicher dafür belohnt, dass er in seinem Fischrestaurant in Völkermarkt die frischen Produkte der eigenen Landwirtschaft höchst kreativ veredelt.

Rechte Seite: Mit bodenständigen regionalen Genüssen verwöhnt auch der Gasthof Liegl in St. Georgen am Längsee seine Gäste – wenn das Wetter mitspielt unter der alten Linde im Garten.

ein wichtiges Gut, das die Säumer einst über die Alpen nach Süddeutschland transportierten. Anis, Zimt, Nelke, Fenchel und Safran hat man bei der Zubereitung der Suppe in Vollendung eingesetzt, ehe man sie mit selbstgemachten Backtropfen oder Nigalan – kleinen, gebackenen Krapferln aus Germteig, der beim Reindling- oder Krapfenbacken übrig geblieben war – servierte.

KÄRNTNER COUSCOUS UND KRAPFEN

Eine absolute Besonderheit ist der Talggn oder Munggn. Weil in den höher gelegenen Tälern wie dem Lieser- oder Maltatal in Schlechtwettersommern der Mais nicht zur Reife gelangte, baute man stattdessen den robusteren Hafer an. Diesen, erklärt Sonnleitner, übergießt man mit heißem Wasser, hält ihn etwa eine halbe Stunde bei siebzig Grad, seiht ihn ab, lässt ihn im Rohr trocknen und mahlt ihn zuletzt in der Getreidemühle. Das Ergebnis ist eine lang haltbare Kraftnahrung, dank der die Altvorderen mit relativ kleinen Ackerflächen eine ganze Familie versorgen konnten.

Ein bei den frommen Einheimischen einst beliebtes Freitagsmahl ist die gefüllte Nudel, im Kärntner Oberland Krapfen genannt: eine etwa faustgroße Teigtasche mit herzhaft-pikanter oder süßer Füllung. Sie wird in Salzwasser gekocht und mit passender Beilage, von Kraut bis Kompott, verzehrt. Zu den gefragtesten Varianten zählen Fleisch-, Pilz- und Spinatnudeln oder die mit gedörrten Birnen versüßten Kletzennudeln. Der Klassiker aber ist die mit einem Gemisch aus Kartoffeln, Topfen, Lauch und Zwiebeln gefüllte Kasnudel.

Auf einen Blick

Kleines Kulinarik-ABC
Brettljause: auf einem Holzteller angerichteter Imbiss aus Trockenwürsten, geräuchertem Speck und Käse
Frigga: nahrhaftes Pfannengericht aus Käse, Eiern und Speck
Gelbe Suppe: Fleischsuppe mit Rahm, Kräutern und Safran
Glunder Kas: gekochter Topfenkäse
Kärntner Nudel/Krapfen: gefüllte Teigtasche
Kletzen/Kloatzen: Dörrbirnen
Maischerln/Maischalan: Gehacktes aus Lunge und Herz mit Graupen, in ein Netz gebunden und in Schmalz gebraten
Nockerln/Nockalan: ovale Klößchen oder Spätzleart
Reindling: in einer Kasserolle (Rein) gebackener Hefeteig mit Zimt und Rosinen
Ritschert: Eintopf aus Speck, Bohnen und Graupen
Sterz: bröckeliger, trockener Brei aus Buchweizen- oder Maismehl

Die Aufkocher
Einige der besten Köche des Landes haben sich unter dem Namen »Die Aufkocher« zu einem Verbund zusammengetan. Sie verstehen sich als Wirte im besten Sinne des Wortes, sind mit der Region tief verwurzelt, ins Ortsgeschehen eingebunden und der kulinarischen Tradition verpflichtet. So starten sie u.a. gemeinsam in der jeweiligen Saison Spezialitätenwochen zu den Themen Süßwasserfische (März/April), Spargel (April/Mai), Kürbis (Sept.), Gansl (Nov.) und Karpfen (Dez.). Kontakt (auch zu den einzelnen Wirten): www.facebook.com/aufkocher

Hohe Tauern
Biosphärenpark Kärntner Nockberge
Lienz
Spittal a.d.Drau
Seeboden
Millstatt
Radenthein
Bad Kleinkirchheim
Gmünd i.Kärnten
Obervellach
Mallnitz
Hermagor
Weißensee
Villach
Arnoldstein
Tarvisio
Pontebba
Tolmezzo
Kranjska Gora
Triglavski
Karnische Dolomitenstr.
Gailbergsattelstraße
Nassfeldpass
Pressegger See
Ossiacher See
Faaker See
Dreiländereck
Karawankentunnel 7865m
Maßstab 1:300.000

TÄLER DER GENÜSSE

Rund um Villach können Besucher inmitten malerischer Landschaften, abgeschiedener Täler, sanfter Gipfel und glitzernder Seen kulinarische Höhenflüge erleben. Abseits vom Trubel werden Leichtigkeit und Langsamkeit des Lebens neu entdeckt.

1 Villach

Villach (65 600 Einw.) mit seiner adretten, durch die Drau geteilten Altstadt ist die zweitgrößte Stadt Kärntens. Die Gässchen rund um den Hauptplatz laden zum Bummeln ein.

SEHENSWERT
Die Ursprünge der Stadt gehen bis auf die Kelten zurück. Wie sich der Ort im Lauf der Zeit verändert hat, zeigt das **Stadtmuseum** (Widmanngasse 38, www.villach.at/museum; Mai–Okt. Di. bis So. 10.00–16.30 Uhr). Europas größte Geoplastik, das **Relief von Kärnten** mit 182 m², gibt es im Schillerpark zu sehen. Im schmucken, von einem Skulpturenpark flankierten **Dinzlschloss** (Schlossg. 11, Tel. 04242 205 3400, variable Öffnungszeiten) veranstaltet die städtische Kulturabteilung regelmäßig Ausstellungen und Lesungen von Villacher Künstlern.

AKTIVITÄT
Naherholungsgebiet und Entspannungsoase ist Warmbad-Villach am Stadtrand mit der **Kärnten Therme** (Kadischenallee 25, www.kaernten therme.at; Mai–Sept. tgl. 9.00–21.00, sonst bis 22.00 Uhr).

VERANSTALTUNG
Jedes Jahr in der ersten Augustwoche wird in der Innenstadt der **Villacher Kirchtag** gefeiert (www.villacherkirchtag.at), das größte Brauchtumsfest in Österreich.

UNTERKUNFT
Der **€€€€ Warmbaderhof** (Kadischenallee 22, Tel. 04242 30 01 10, www.warmbaderhof.com) ist ein Fünf-Sterne-Haus im Kurpark neben der Kärnten Therme mit Toprestaurant und Kaffeehaus. Seit 500 Jahren nächtigen Gäste in den Mauern des **€€ Romantik-Hotels Post** (Hauptplatz 26, Tel. 04242 2 61 01, www.palais26.at) mitten in der Altstadt. Wenn das Wetter mitspielt, speist man im schönen Innenhof. Im **€€ Goldenen Lamm** (Hauptplatz 1, Tel. 04242 2 41 05, www.goldeneslamm.at) kümmert man sich seit Beginn des 19. Jh. um das Wohl der Gäste. Das moderne Restaurant serviert auch Mittagsmenüs.
Der **€ Priglhof** (12 km nördl.; Lötschenbergweg 25, Einöde bei Villach, Tel. 04247 20 92, www.urlaubambauernhof.at/prigl) ist ein kinderfreundlicher Familienbetrieb mit günstigen Zimmern, vielen Tieren und herrlichem Panoramablick auf die Karawanken.

Burgruine Finkenstein am Faaker See; Steinhaus von Günther Domenig am Ossiacher See; Kärnten-Therme in Warmbad-Villach

UMGEBUNG
Nach dem Stadtbummel kann man im **Faaker See** (10 km östl.) eine Runde schwimmen und den Sonnenuntergang genießen. Oberhalb des Sees werden auf der **Burgruine Finkenstein** (12 km südöstl.; www.burgarena.at) im Sommer regelmäßig Open-Air-Konzerte veranstaltet. Kunsthistorisch Interessierte fahren weiter zur Pfarrkirche in **Thörl-Maglern** (21 km südwestl.) und besichtigen die Chorfresken. Naturliebhaber besuchen den **Dobratsch** (20 km westl.; www.naturparkdobratsch.info), den Hausberg der Villacher. Das einstige Skigebiet ist heute ein Naturpark mit vielen Erlebnisstationen. Im Kurort **Bad Bleiberg** (17 km westl.) kann man das Schaubergwerk Terra Mystica (Bleiberg-Nötsch 91, Tel. 04244 22 55, www.terra-mystica.at) besichtigen oder zu einer Stollenwanderung aufbrechen. Auf der **Burg Landskron** (7 km nordöstl.; Schlossbergweg 30, Tel. 04242 4 28 88, www.adlerarena.com; Ende April–Ende Okt. tgl. 10.30–16.00, So./Fei. bis 18.00 Uhr) haben Besucher einen tollen Ausblick auf die Stadt und die umliegenden Berge. Greifvögel zeigen ihre Flugkünste bei einer Adlerflugschau.

INFORMATION
Tourismusinformation Villach-Stadt, Bahnhofstr. 3, A-9500 Villach, Tel. 04242 3 99 93, www.villach.at; Tourismusinformation Faak am See, Dietrichsteinerstr. 2, A-9583 Faak am See, Tel. 04254 21 10, www.visitvillach.at; Tourismusinformation Bad Bleiberg, Thermenweg 1, A-9530 Bad Bleiberg, Tel. 04244 3 13 06, www.bad-bleiberg.at

2 Steindorf

Am Nordufer des Ossiacher Sees hat Architekt Günther Domenig (1934–2012) im Bade- und Ferienort Steindorf (3800 Einw.) ein futuristisches **Steinhaus** als Vermächtnis hinterlassen (Uferweg 31, www.architektur-kaernten.at; Mai bis Okt. Mi. 11.00–19.00, Führung 17.00 Uhr).

UNTERKUNFT
Das **€€€ Hotel 12** (16 km westl.; Gerlitzenstr. 55, Bodensdorf, Tel. 04248 2 96 21, www.hotel12.at) war einst ein Berggasthof. Es steht in Kehre 12 der Gerlitzenstraße, hat 12 Zimmer, jedes von einem internationalen Künstler individuell gestaltet, und eine Panoramaterrasse.

UMGEBUNG
Um den Ossiacher See einmal von oben zu sehen, bietet sich ein Ausflug auf die **Gerlitzen** an. Die Anfahrt zur Talstation der Kanzelbahn (9 km westl.; Kanzelplatz 2, Annenheim, www.gerlitzen.com) dauert mit Auto oder Bahn nur 10 Min. Bäuerliche Kultur ist auf liebenswerte Weise in der **Elli Riehl Puppenwelt** (18 km westl.; Buchholzer Str. 4, Einöde bei Villach, Tel. 04248 23 95, www.elli-riehl-puppenwelt.at; vorübergehend geschlossen) dargestellt. Wer der Straße durch das Gegendtal weiter folgt, gelangt zum **Afritzer See** (27 km nordwestl.), der bei Badegästen und Anglern beliebt ist.

Tipp

Steinbruch als Kunststätte

Bildhauer mit großen Ideen brauchen Platz – den finden sie im Steinbruch Krastal bei Villach. Seit fünfzig Jahren treffen sich hier im Juli und August hochkarätige Skulpteure aus der ganzen Welt und verwirklichen ihre Visionen in weißem Marmor. Besucher können ihnen bei der Arbeit zuschauen.

Krastal, Tel. 04248 36 66, www.krastal.com

INFORMATION
Tourismusverband Gerlitzen Alpe/Ossiacher See, Tel. 04248 23 36; Tourismusinformation Bodensdorf, 10.-Oktober-Str. 1, A-9551 Bodensdorf, Tel. 04243 4 76, www.ossiachersee.info

3 Stift Ossiach

In Ossiach (800 Einw.) fällt das **Benediktinerstift** (11. Jh.) mit seiner barocken Stiftskirche sofort ins Auge. Hier wird seit Jahrzehnten das Musikfestival **Carinthischer Sommer** ausgetragen (Festivalbüro Ossiach 1, Tel. 04243 25 10, www.carinthischersommer.at; Juli/Aug.).

AKTIVITÄTEN
Wasserratten können bei der **Ossiacher-See-Schifffahrt** (Tel. 0699 5 077 077, www.ossiachersee-schifffahrt.at; Mitte Mai–Mitte Okt.) an Bord gehen oder im **Erlebnisbad** (Ossiach 8, Tel. 04243 22 46-210, www.ossiach.gv.at; Juni bis Aug. tgl. 8.00–19.00, Mai, Sept. bis 18.00 Uhr) im See abtauchen.

RESTAURANT
Der Strandgasthof **€€ Seewirt** liegt traumhaft unmittelbar neben dem Stift (Ossiach 2, Tel. 04243 2268, www.seewirt-ossiach.at); zugehörig: ein gutbürgerliches Gasthaus mit einem schattigen Kastaniengarten

INFORMATION
Tourismusinformation Ossiach, Ossiach 8, A-9570 Ossiach, Tel. 04243 4 97, www.ossiachersee.info

4 Hermagor

Das städtische Zentrum (6800 Einw.) im unteren Gailtal blickt auf eine 850-jährige Geschichte zurück. In der Innenstadt finden sich viele kleine Geschäfte und Lokale zum Gustieren.

UNTERKUNFT
Das **€€€ Falkensteiner Hotel Spa Carinzia** (9 km westl.; Tröpolach 156, Tel. 04285 72 00, www.falkensteiner.at) ist eine Topadresse am Fuß des Nassfelds, mit großem Wellnessbereich. Als Vorzeigebiobetrieb gilt das **€€€€ Biohotel Daberer** (27 km westl.; St. Daniel 32, Dellach, Tel. 04718 5 90, www.biohotel-daberer.at) im oberen Gailtal, mit Waldsauna, Wellnessbereich und großartiger Küche. Ebenfalls in Dellach, im **€ Gasthof Grünwald** (St. Daniel 17, Tel. 04718 6 77, www.gruenwald.dellach.at), wohnt man in freundlichen Zimmern und genießt eine unglaubliche Auswahl an Kärntner Nudeln.

RESTAURANT
Der Familienbetrieb **€ Konditorei Semmelrock** (Gasserplatz 6, Tel. 04282 22 43, www.konditorei-semmelrock.at; Mi. geschl., Juli/Aug. tgl.), in dem nach alten Rezepten gebacken wird, ist berühmt für seine Lebkuchen mit Gailtaler Honig.

UMGEBUNG
Die **Sonnenalpe Nassfeld** (20 km südwestl.; www.nassfeld.at) im Grenzgebiet zu Italien bietet alles, was sich Wintersportler und Wanderer wünschen. Im Tal wird im Sommer im **Pressegger See** gebadet (6 km östl.; s. S. 34). Im Dörfchen **Nötsch im Gailtal** (22 km östl.) widmet sich das Museum des Nötscher Kreises (Haus Wiegele 39, www.noetscherkreis.at; Ende April–Ende Okt. Mi.–So., Fei. 14.00–18.00 Uhr) einer Gruppe von Malern, die sich regelmäßig in Nötsch trafen oder gar hier lebten. Gleich nebenan, in **Feistritz an der Gail** (weitere 2 km südwestl.), findet am Pfingstmontag das traditionelle Kufenstechen statt (www.burschenschaft-feistritz-gail.at).

INFORMATION
NLW Tourismus Marketing, Wulfenlaplatz 1, A-9620 Hermagor, Tel. 04282 31 31, www.nlw.at

5 Weißensee

Der **Weißensee** TOPZIEL auf 930 m Höhe ist Kärntens höchstgelegener Badesee und im Winter ein Mekka der Eisläufer. Zwei Drittel des Ufers sind autofrei und naturbelassen. Im Hauptort **Techendorf** (170 Einw.) spannt sich – vermutlich seit dem 11. Jh., 1348 erstmals erwähnt – eine Brücke über den See, die seither immer wieder erneuert wurde, zuletzt 1967.

UNTERKUNFT
Die Zimmer im **€€ Genießerhotel Die Forelle** (Techendorf 80, Tel. 04713 23 56, www.forellemueller.at) sind mit Naturmaterialien eingerichtet. Serviert wird frischer Fisch aus dem See.

INFORMATION
Weißensee Information, Techendorf 78, A-9762 Weißensee, Tel. 04713 22 20, www.weissensee.com

6 Oberdrauburg

In dem hübschen Örtchen (1200 Einw.) mit den beiden Burgruinen, nahe der Tiroler Landes-

»Hotel 12« an der Gerlitzenstraße; Rosmaries Bergkräutergarten in Irschen; Pfarrkirche Zwickenberg oberhalb von Oberdrauburg

grenze, legen viele Reisende auf dem Weg nach Villach oder über Lienz nach Italien eine Rast ein. Outdoorfans kommen beim Radfahren und Wandern entlang der Drau auf ihre Kosten.

RESTAURANT
Ein Kleinod zum Erholen inmitten der Natur ist der **€€ Landhof Irschen** (4 km nordöstl.; Stresweg 8, Irschen, Tel. 04710 20 04 80, www.landhof-irschen.at.), mit hervorragender Küche.

UMGEBUNG
Außer zur Einkehr im Landhof lohnt sich der Abstecher ins Kräuterdorf **Irschen** (5 km nordöstl.; www.kraeuterdorf.at) auch für Botanikfreunde. Ein Schaugarten und ein Kräuter-Pfarrstadel zeigen Alpenheilpflanzen.

INFORMATION
Marktgemeinde Oberdrauburg, Marktplatz 1, A-9781 Oberdrauburg, Tel. 04710 22 48, www.oberdrauburg.at

7 Lesachtal

Bei der Anreise über enge, kurvige Straßen entschleunigt man automatisch. Das Naturparadies begeistert mit gut ausgebauten Wanderwegen und romantischen Almen. Hauptort der Gemeinde Lesachtal, die mit mehreren Teilorten die westlichen zwei Drittel des gut 20 km langen Tales einnimmt, ist **Liesing** (130 Einw.). Ein Besuch des Wallfahrtsorts **Maria Luggau** mit der prächtigen Pfarrkirche Maria Schnee (16. Jh.), dem liebevoll rekonstruierten Klostergarten und den alten Wassermühlen ist unabdingbar.

UNTERKUNFT
Seit sechs Jahrzehnten besuchen Urlaubsgäste den **€ Peintnerhof** (Niedergail 3, Liesing, Tel. 0650 4 11 18 02, www.peintnerhof.at). Heute gibt es dort »gesunde« Holzferienwohnungen. Im Alpenhotel **€ Zum Wanderniki** (Obergail 3, Liesing, Tel. 04716 2 94, www.wanderniki.at) backt die Seniorchefin mit den Gästen Brot. Das idyllisch auf 1200 m Höhe gelegene **€€€€ Almwellnesshotel Tuffbad** (Tuffbad 3, St. Lorenzen, Tel. 04716 6 22, www.almwellness.com) hat eine eigene Mineralheilquelle.

UMGEBUNG
Der untere Teil Tals wird von **Kötschach-Mauthen** (19 km östl.) aus verwaltet. Beim Bummel durch die beiden Stadtteile lohnt ein Besuch in der Edelgreißlerei (Lebensmittelladen) von Herwig Ertl oder in der Kaffeerösterei San Giusto. Geschichtsinteressierte besuchen das »Museum 1915–1918« im Rathaus (Rathaus 390, www.dolomitenfreunde.at; Mitte Mai–Mitte Okt. Di.–Fr. 10.00–17.00, Sa./So./Fei. 14.00–18.00 Uhr) und das Freilichtmuseum am **Plöckenpass** (12 km südl.; frei zugänglich), die eindrucksvoll vom Ersten Weltkrieg berichten.

INFORMATION
Tourismusverband Lesachtal, Liesing 29, A-9653 Liesing, Tel. 04716 2 42 12, www.lesachtal.com

GRENZGANG MIT GRANDIOSEN AUSSICHTEN

Nein, in einem Stück, über seine in acht bis elf Etappen untergliederte Gesamtstrecke von 155 km, werden ihn wohl nur topfitte und besonders ehrgeizige Bergwanderer absolvieren. Doch auch in Teilen begangen, ist der Karnische Höhenweg ein ausgesprochen lohnendes Unterfangen. Gilt er doch, rot-weiß-rot markiert als Fernwanderstrecke 403, als eine der schönsten und interessantesten in den ganzen Alpen. Der Einstieg erfolgt im Westen gerne im Osttiroler Sillian (oder Südtiroler Sexten). Auf Kärntner (Grenz)Gebiet bewegt man sich ab dem Bereich Hochspitz / Hochweißsteinhaus. Beendet wird die Begehung meist am Nassfeld. Die zwei- bis dreitägige, deutlich weniger alpine Fortsetzung ostwärts bis nach Thörl-Maglern ist möglich.

Seine Existenz verdankt der Wanderweg dem Gebirgskrieg, der hier, in den Karnischen Alpen, von 1915 bis 1918 tobte. Zu seiner Vorbereitung hatten Italiener und Österreicher beiderseits der Grenze Versorgungswege angelegt.

Der Höhenweg bietet wunderbare Blicke auf die Bergwelt.

Bis heute stößt man unterwegs auf Bunker-Ruinen, Reste von Geschützstellungen, Schützengräben ... . Wichtiger freilich: Man genießt das grandiose Panorama der schroffen Kalkgipfel, umrahmt von welligen Almmatten – eine Welt, herrlich weit, grün und still, in der man kaum etwas hört, außer dem eigenen Atem und gelegentlich mal dem Pfeifen eines Murmeltiers oder Schrei eines Adlers, der majestätisch seine Kreise zieht.

Tourenprofil: Die einzelnen Tagesetappen sind zwischen 10 und 19 km lang. Gehzeiten: 6 bis 10 Std., Höhendifferenz pro Tag zw. 400 und knapp 900 m. Abschnittweise sind Trittsicherheit und Schwindelfreiheit von Nöten.
Übernachtung: durchwegs in Berghütten, meist auf Matratzenlagern. In der Hochsaison Vorreservierung ratsam.
Organisatorisches: Geführte Wanderungen und Hüttenübernachtungen hat z.B. das Alpincenter Kötschach-Mauthen im Programm; 9640 Kötschach-Mauthen, Würmlach 107, Tel. 0650 44 28 614, www.alpincenter-koemau.at

Alpines Kärnten

*

SCHROFF UND SANFT

*

Schroffer Fels und sanfte Kuppen, Felsgipfel, Wasserfälle, ewiges Eis: Im äußersten Nordwesten, den Hohen Tauern, zeigt sich das Land von seiner dramatischen Seite. Berückend in ihrer lieblicheren Schönheit sind aber auch Naturjuwele wie die Nockberge oder der Millstätter See.

Die Wilhelm-Swarovski-Beobachtungswarte an der Kaiser-Franz-Josefs-Höhe bietet beste Sicht auf den Großglockner (li. im Bild).

So schroff kann Kärnten sein, wer hätte das beim Sonnenbaden am Wörthersee gedacht? So schneeweiß, selbst im Hochsommer noch, und so majestätisch. Kaiser-Franz-Josefs-Höhe heißt die Aussichtsterrasse, auf der diese Erkenntnis reift. An dem per Auto erreichbaren Ort steht man Österreichs höchstem Gipfel, dem Großglockner, fast zum Greifen nah gegenüber. Und ihm zu Füßen liegt der größte Gletscher der Ostalpen, die immer noch acht Kilometer lange Pasterze. Was für ein Panorama!

Bis Ende des 18. Jahrhunderts galt »der Glockner« als eine Art unbezwingbarer Alpen-Everest. Um den Granitgiganten mit seinen steilen Graten und Rinnen, Felswänden und Schneefeldern wurde ehrfürchtig allerlei Bergsteigergarn gewoben. Dann raubte ihm eine Gruppe tollkühner Expeditionisten die Jungfräulichkeit. Mittlerweile erstürmen jährlich an die 5000 Bergfexe die 3798 Meter hohe Spitze. Vor der engsten Stelle des Aufstiegs, der Glocknerscharte, bilden sich an Kaiserwettertagen im August Warteschlangen. Dafür genießt man oben einen Fernblick, der – wie Wikipedia weiß – über mehr als 150 000 Quadratkilometer Erdoberfläche reicht, bis zum Böhmerwald im Norden, nach Regensburg, zur Schwäbisch-Bayerischen und zur Po-Ebene sowie im Osten zum Triglav und Toten Gebirge.

HIER STEHT MAN DEM GROßGLOCKNER FAST ZUM GREIFEN NAH GEGENÜBER.

DIE KÖNIGIN DER PANORAMASTRAßEN

Eine alpine Ikone stellt nicht nur der Großglockner selbst dar, sondern auch die nach ihm benannte Hochalpenstraße. Als älteste für den Autoverkehr konzipierte Nord-Süd-Transversale über den Hauptkamm der Hohen Tauern führt sie vom Fuscher Tal im Salzburgischen hinüber in Kärntens Paradebergdorf Heiligenblut, die letzte Gemeinde am Ober-

Spektakulärer geht es selten mit dem Auto durchs Hochgebirge: von Heiligenblut, dessen Pfarrkirche malerisch vor dem Großglockner aufragt (oben), über die Franz-Josefs-Höhe (Mitte und rechte Seite) sowie das Fuscher Törl auf 2428 Meter Höhe (unten) bis ins salzburgische Ferleiten.

Als die Gletscherbahn auf der Franz-Josefs-Höhe 1963 in Betrieb ging, reichte das Eis der Pasterze noch bis zur Talstation. Heute liegt zwischen der Standseilbahn und dem Rand des acht Kilometer langen Gletschers nur noch eine halbstündige Wanderung.

Rechts: Nicht die längste, aber mit bis zu 200 Meter Tiefe eine der beeindruckendsten Schluchten Österreichs ist die Raggaschlucht bei Flattach im Mölltal.

Unten: Keine fünf Kilometer weiter östlich, bei Obervellach, wacht bereits seit dem 13. Jahrhundert Burg Groppenstein über den Eingang ins Mallnitztal.

Links: Im Nationalpark Hohe Tauern können Pferdefreunde auf jahrtausendealten Säumerpfaden die Bergwelt erkunden.

Auch auf den eigenen zwei Beinen kann man den Routen der Säumer folgen. Auf dem Weg von der Jamnighütte zur Hagener Hütte bei Mallnitz kommt man am alten Tauernhaus vorbei, einer renovierten Saumstation.

»ICH LIEBE DIE BERGE, WEIL SIE MICH DARAN ERINNERN, DASS ICH TEIL VON ETWAS BIN, DAS WESENTLICH GRÖßER IST ALS ICH.«

Julian Cooper (britischer Künstler)

lauf der Möll. Gebaut wurde die Königin unter den Panoramastraßen Österreichs während der depressiven 1930er-Jahre, vor allem um Arbeitsplätze zu schaffen. Auch deshalb stilisierte die Politik sie damals zum Inbegriff nationalen Aufbauwillens. Seither haben darauf weit mehr als fünfzig Millionen Menschen Abstand von den Niederungen des Alltags gewonnen. Eine höhere Besucherzahl verzeichnet im Fremdenverkehrsland Österreich nur Schloss Schönbrunn in Wien.

Die Fahrt über die fast fünfzig Kilometer lange Straße ruft nach wie vor höchste Anerkennung für das Geschick der Planer und Erbauer hervor. In 26 Kehren, durch mehrere Tunnel und über sechzig Brücken schraubt sie sich empor – je nach Schneelage in der Regel von Ende April bis Anfang November geöffnet – und schmiegt sich dabei bewundernswert diskret in die Landschaft. Ausstellungen, Lehrwege und Infostellen entlang der Strecke eröffnen spannende Einblicke in die Geschichte der Bergsteigerei und die Gebirgsnatur. Vom über 2500 Meter hohen Scheitelpunkt, dem Hochtor, sind bei guter Sicht fast vierzig Gletscher des Glocknermassivs und der benachbarten Goldberggruppe auszumachen. Mit Glück bekommt man Gämsen oder Steinadler, ein Schneehuhn oder ein Murmeltier zu Gesicht.

IM TAL DER STÜRZENDEN WASSER

Ein hochalpines Technikmeisterwerk ist auch ein paar Gebirgstäler weiter östlich zu bestaunen. Am Ende des Maltatals, zu Füßen der Ankogelgruppe, erhebt sich Österreichs höchste Staumauer, die Kölnbreinsperre. Schon die Anfahrt durch die Felstunnel und Spitzkehren der Mautstraße, bis auf fast 2000 Meter Höhe hinauf, ist ein kleines Abenteuer. »Tal der stürzenden Wasser« haben die Tourismusverantwortlichen das Landschaftsjuwel getauft. Kaum eine Felsstufe oder Wand, über die nicht geschmolzenes Gletschereis gischtet, sprudelt, rinnt. Am Ziel, dem Stausee, informiert eine Multimediaschau über Bau und Funktion eines so kolossalen Pumpspeicherkraftwerks sowie über Fauna, Flora und die Auswirkungen des Klimawandels im Hochgebirge. Noch aufregender ist die Führung über die Dammkrone des 200 Meter hohen Betonriegels – und über schier endlose Treppen tief hinein ins Innere.

BADEFREUDEN IN DEN NOCKBERGEN

Von einer deutlich sanfteren Seite zeigt sich die Natur in den Nockbergen. Die rundliche Form der bis zu zweieinhalbtausend Meter hohen, grasbewachsenen Kuppen erinnert Einheimische offenbar an ihr Leibgericht, die Kasnocken, woher

Die Malta-Hochalmstraße – für Motorradfahrer eine der Traumrouten in den Alpen – endet bei der Kölnbreinsperre, Österreichs höchster Staumauer.

sich der kuriose Name erklärt. Bis in die 1970er-Jahre hat sich kaum jemand um die weitgehend unbesiedelte Mittelgebirgslandschaft gekümmert. Dann entstanden, wie damals üblich, auch hier Pläne für Kraftwerke und Skilifte – und weckten Widerstand. Zu guter Letzt ernannte die Landesregierung das Gebiet zum Nationalpark und gab damit den Startschuss zu einer steilen Karriere als Familienwandergebiet.

Wie im Maltatal bildet die Begegnung mit dem Wasser auch in den Nockbergen ein Leitmotiv, allerdings ein körperbetonteres: Man taucht wohlig darin ein. Auf der Turracher Höhe kann man im ältesten beheizten »See-Bad« der Alpen ganzjährig in dreißig Grad warmem Seewasser schwimmen. In Bad Kleinkirchheim sprudelt radonhaltiges Thermalwasser aus dem Boden und speist sowohl zwei aufwändig gestaltete öffentliche Thermen – Römerbad und St. Kathrein mit Namen – als auch die Badelandschaften diverser Hotels, allen voran des hochnoblen »Ronacher« und des »Pulverer«.

Herr über ein weit weniger prestigeträchtiges, dafür umso denkwürdigeres Wellnessrevier ist Georg Aschbacher, Wirt, Kurdirektor und Bademeister im ältesten Bauernheilbad Österreichs. Sein Karlbad, in einer Senke hoch droben im Niemandsland der Nockalmstraße ver-

Special

Tauernhandel

Alte Säumertradition

Über Jahrhunderte packten die Säumer in den Hohen Tauern Salz oder Gold auf ihre Pferde und brachen zu einer beschwerlichen Reise auf.
Bevor es asphaltierte Passstraßen und Kraftfahrzeuge gab, transportierten sie im Auftrag von Kaufleuten oder auf eigene Rechnung verschiedenste Waren auf dem Rücken ihrer Norikerpferde professionell über die Alpen. Salz wurde in den Süden geliefert, exotische Früchte und Wein beförderte man Richtung Norden – ein gutes Geschäft, das um 1500 seine Blüte erlebte. Damals wurden pro Jahr bis zu 5000 Tonnen Güter über die Alpen geschleppt. Eine Route führte von der Adria über Gemona, Villach, Gmünd und den Katschberg nach Salzburg; eine andere von Winklern über das Hochtor, also die Heiligenbluter Tauern, bis nach Berchtesgaden. Daneben gab es weniger frequentierte Wege über andere Pässe und Täler. Spektakulär ist etwa die Römerstraße in den Mallnitzer Tauern, auf der die Säumer steile Felswände querten und einen fast vier Meter breiten Pfad in den Berg meißelten. Unterwegs wurde in Saumstationen Rast gemacht. Eine davon befindet sich in Großkirchheim. Heute werden Wanderungen auf den Spuren der Säumer angeboten, und eine Dauerausstellung an der Großglockner-Hochalpenstraße informiert über die Geschichte des »Passheiligtums Hochtor«.

Historisches Tauernhaus bei Mallnitz

Nicht nur die Häuser sind bunt in der Künstlerstadt Gmünd: Die Antiquitätenhändlerin Margarete Miklautz (rechts im Bild) im Gespräch mit der »Zukunftsgestalterin« Andrea Forras.

Weniger bunt, aber dennoch malerisch: Burg Gmünd (oben), und der gut erhaltene mittelalterliche Stadtkern, hier der Hauptplatz mit dem Unteren Stadttor, das die Stadtturmgalerie beherbergt (rechts).

Beim »Dinner for two« von »Kollers Hotel« in Seeboden serviert der persönliche Butler ein Sieben-Gänge-Menü exklusiv auf einer Plattform mitten im Millstätter See.

Die Caféterrasse von Schloss Porcia in Spittal an der Drau muss man sich dagegen mit anderen Gästen teilen, während man darauf wartet, dass sich der Vorhang der Komödienspiele im Arkadenhof des »Palazzo« hebt.

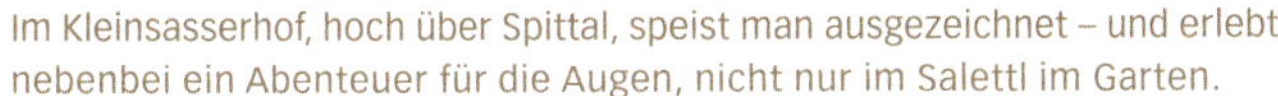

Im Kleinsasserhof, hoch über Spittal, speist man ausgezeichnet – und erlebt nebenbei ein Abenteuer für die Augen, nicht nur im Salettl im Garten.

Im Benediktiner- oder Arkadenhof von Stift Millstatt steht eine jahrhundertealte Linde.

steckt, war schon vor über 300 Jahren weithin als Heilstätte für eine Vielzahl von Beschwerden bekannt. Geändert hat sich seither nicht viel. Wie damals besteht die Ausstattung im Wesentlichen aus einem Dutzend urtümlicher Lärchenholztröge. Wie damals wird das Wasser über hölzerne Rinnen direkt von der Quelle hereingeleitet und mit Mineralkieseln aus dem nahen Bach aufgeheizt, die man zuvor auf einem Holzfeuer bis zur Rotglut erhitzt hat. Und wie in früher Zeit wird man als Kurgast so lange im heißen Wasser gedünstet, bis sich auch der letzte Rest Alltagshektik verflüchtigt hat.

KÜNSTLERKOLONIE AN DER LIESER

Sinnesfreuden sublimerer Art verspricht nahe dem westlichen Ende der Nockalmstraße – wo die Malta in die Lieser mündet und sich die Tauernautobahn auf betongrauen Elefantenfüßen ihren Weg Richtung Salzburg und Villach bahnt – die uralte Handelsstation Gmünd. Vor rund 800 Jahren von den Salzburger Erzbischöfen angelegt, hat sie sich ihr mittelalterliches Aussehen bis auf den heutigen Tag bewahrt, darin in Kärnten höchstens mit Friesach vergleichbar. Ihr von modernen Bausünden gänzlich verschonter, rundum von Mauern und Stadttoren »geschützter« Ortskern wäre allein eine Fünf-Sterne-Sehenswürdigkeit. Doch beim Bummel über den malerischen Hauptplatz und durch die angrenzenden Gassen merkt man rasch: Hier handelt es sich nicht bloß um ein zwar fotogenes, aber museales Städtchen, sondern um eine veritable Künstlerkolonie. Auf Schritt und Tritt stößt man auf Galerien, Ateliers und Schauräume für Kunsthandwerk.

Die wundersame Metamorphose vollzog sich in den 1990er-Jahren, als von nah und fern junge Künstler zuwanderten und reihenweise Ställe, alte Wohn- und Lagerhäuser restaurierten – begeistert von der Beschaulichkeit und den erschwinglichen Mieten. Seither platzt der noch vor einer Generation heillos verschlafene Ort vor Kreativität, gilt weit über die Landesgrenzen hinaus als ein Hotspot der Gegenwartskunst und wurde schon einmal zu »Kärntens lebenswertester Gemeinde« gekürt.

TRADITIONSREICH UND NATURBELASSEN

Äußerst lebenswert präsentiert sich auch das nach dem Wörthersee zweitgrößte, aber tiefste und wasserreichste Badegewässer Kärntens, der Millstätter See. Wie der Wörthersee ist auch er am Nordufer gesäumt von Ferienorten, deren Villen und Strandhotels vielfach noch die Behaglichkeit der Gründerzeit atmen, als K.-u.-k.-Adel und Großbürgertum hier zur Sommerfrische weilten. Wie beim Wörthersee ist das Südufer naturbelassen, ja, mehr noch: völlig unbebaut. Und fast noch fotogener als jener ist er von dicht bewaldeten Zweitausendern umrahmt, denen man auf einer herrlichen, fast 200 Kilometer langen Wanderroute, dem Millstätter-See-Höhensteig, die Parade abnehmen kann.

Den kulturellen Mittelpunkt der Region markiert die Marktgemeinde Millstatt, seit zwei Brüder aus dem bayeri-

»WAS KÖNNTE WOHL MEHR AURA HABEN ALS DIE URALTE LINDE IM VERSCHLAFENEN ARKADENHOF?«

Renate Just in »Die Zeit« über Stift Millstatt

Auf der Turracher Höhe stoßen die österreichischen Bundesländer Kärnten und Steiermark aneinander.

Mit einem Segel-, Ruder- oder Tretboot kommt man dem Millstätter See ganz nah …

… auf dem Sternenbalkon des Alpengasthofs »Bergfried« in Ferndorf-Gschriet liegt er einem zu Füßen. Der Aussichtssteg mit Glasscheibe und »Freifluggefühl« über Kärntens tiefstem See ist eine Station am 196 Kilometer langen Millstätter-See-Höhensteig.

Längs durch den Turracher Schwarzsee verläuft die Kärntner Landesgrenze. Der Eisenhut – mit 2441 Metern höchster Berg der Gurktaler Alpen – erhebt sich auf steirischem Gebiet.

schen Geschlecht der Aribonen hier vor über 900 Jahren nach dem Vorbild der Klöster am Längsee und in Ossiach eine Benediktinerabtei gründeten. Deren Kirche mit ihren barockzwiebelbehelmten Doppeltürmen dominiert bis heute die Ufersilhouette und zählt, vor allem dank dem reichen romanischen Skulpturenschmuck, zu den kostbarsten Sakralbauten des Landes. Aufgrund der famosen Akustik wird sie im Rahmen der Millstätter Musikwochen regelmäßig als weihevoller »Konzertsaal« genutzt.

ITALIANITÀ VOM FEINSTEN

Auf hochkarätige Kunst, architektonische wie bühnenreife, trifft man auch in Spittal, gleich um die Ecke. Dort, wo die Lieser in die Drau mündet, im politischen, wirtschaftlichen und kulturellen Herzen Oberkärntens, steht der schönste Renaissancepalast Österreichs, in einen weitläufigen Park eingebettet. Von italienischen Baumeistern im 16. Jahrhundert erbaut – im Auftrag des Grafen Gabriel von Salamanca-Ortenburg, eines Vertrauten von Kaiser Ferdinand I. –, könnte Schloss Porcia ebenso gut in Verona, Udine oder Padua stehen. Durch das imposante wappenverzierte Portal könnte jederzeit ein Fürst Farnese, Gonzaga oder Borgia reiten, von einem der Balkone Julia ihrem Romeo zuwinken. Der Innenhof mit den dreigeschossigen, marmorverkleideten, von Balustraden gefassten Arkaden bildet das Glanzstück des Prachtpalazzo und die perfekte Kulisse für heiteres Theater Marke Molière, Goldoni oder Nestroy, das hier seit mehr als einem halben Jahrhundert Sommer für Sommer zur Aufführung gelangt.

Vergletscherte Gipfel und kopfverdrehende Aussichtsstraßen, Wasser in Massen, mal eisig stürzend, mal zum Abtauchen warm und still, dann wieder hohe Kunst, tausendjährig bis zeitgenössisch, und finalmente ein Stück Italien vom Feinsten – die Reise durch das alpine Kärnten mündet in jene lebensglühende, luftige Heiterkeit, mit der das Land und seine Menschen Gäste seit alters betören.

Nationalpark Hohe Tauern

EIN ZUKUNFTSMODELL FÜR DIE ALPEN

In den Hohen Tauern setzte man lange auf Sommerskigebiete und Wasserkraftwerke. Durch die Errichtung des Nationalparks bewiesen die Kärntner gemeinsam mit ihren Salzburger und Osttiroler Nachbarn, dass die jahrhundertealte Kulturlandschaft der Bergbauern mit einem modernen Tourismus in Einklang zu bringen ist.

Oben: Österreichs höchster Gipfel, der Großglockner, liegt in der Kernzone des Nationalparks. Rechte Seite: Für die Pflege von Almwiesen erhalten Grundbesitzer im Nationalpark Fördergelder.

Auf den Almen hoch droben in den Seitentälern des Oberen Mölltals beginnt im Sommer der Tag, wenn in den Großstädten die Nachtschwärmer in die Betten fallen. Es ist noch finster, wenn sich die Senner und Sennerinnen ans Melken machen. Es dämmert, wenn sie nach dem Frühstück das Feuer unter dem riesigen kupfernen Käsekessel entfachen, die entrahmte Milch erhitzen und mit Lab versetzen, damit sie gerinnt. Und es ist erst Mittag, wenn sie den Topfen in eine Holzform gepresst, das Vieh auf Weiden getrieben, die frischen Käselaibe mit Salz eingerieben, die älteren gewendet und feucht abgewischt und zudem etliche Kilo Butter geschlagen haben.

TRENDWENDE IN DER ALMWIRTSCHAFT

Wer einen der hart arbeitenden Senner danach auf einer sonnigen Bank sitzen sieht, hinter sich die Almhütte mit dem steinbeschwerten Dach und rundherum die grandiose Bergwelt, der möchte glauben, hier oben sei die Welt für alle Zukunft heil. Dabei war das Almwesen in den Hohen Tauern noch vor weniger als zwei Generationen akut gefährdet. Die Hochalmen auf über 2000 Meter waren damals schon aufgelassen, und auch ein Drittel der tiefer gelegenen war verwaist. Zu mühsam war den Besitzern die Arbeit geworden, zu teuer die Löhne und Sozialversicherung der Senner.

Die Trendwende kam im Lauf der 1970er-Jahre, als viele Almen durch Fahrwege erschlossen wurden. Plötzlich war es möglich, morgens und abends auf der Höhe das Vieh zu versorgen und tagsüber zur Heuernte im Tal zu sein. Etwa zur gleichen Zeit bestimmte der Gesetzgeber, dass auf Almen produzierte Milch unbegrenzt an die Verarbeitungsbetriebe geliefert werden darf und Landwirte für jede Kuh, die sie statt im Tal auf dem Berg grasen lassen, eine Extraprämie erhalten. Seither wird ein Großteil der Almen wieder bewirtschaftet.

SORGE UM DEN WOHLSTAND

Für gehörige Unruhe unter der Bauernschaft der Tauerntäler sorgten

Die Alpine Naturschau an der Großglockner-Hochalpenstraße macht mit der sensiblen Bergwelt vertraut.

seinerzeit allerdings die Pläne für einen Nationalpark in der Almregion. Die Agrarwirtschaft war eben erst mechanisiert worden, in der Folge gingen viele Arbeitsplätze verloren und zahlreiche Landwirte in den Nebenerwerb. Es war die Blütezeit der Bettenburgen, Seilbahnen und Großkraftwerke. Bauern und Bürgermeister sorgten sich mehr um Arbeitsplätze und Übernachtungszahlen als um die Umwelt.

1971 hatten sich die Landeshauptleute der drei Bundesländer Kärnten, Salzburg und Osttirol zu einer gemeinsamen Absichtserklärung aufgerafft, im Gebiet der Hohen Tauern einen Nationalpark einzurichten. Zuvor hatten diverse Organisationen, allen voran der Österreichische Alpenverein, jahrzehntelang die Prinzipien des Landschafts- und Naturschutzes propagiert. Dennoch dauerte es noch ein Dutzend Jahre, bis die Kärntner und Salzburger 1983/84 große Bereiche der zentralen Bergmassive zum Nationalpark erklärten. 1992 schlossen sich die Osttiroler mit beträchtlichen Flächen an, wobei man neben den Schutz der Naturlandschaft gleichrangig die »Erhaltung, Pflege und Gestaltung der naturnahen Kulturlandschaft« stellte und auch die Dörfer in den Haupttälern in das insgesamt 1800 km² große Gebiet miteinbezog.

ERST CONTRA, DANN PRO

Der Beschluss bedeutete das Aus für etliche Großprojekte, allen voran Wasserkraftwerke. Auch stellte man sämtliche Projekte für neue Skilifte, Seilbahnen und Hotels auf Nationalparkboden mit einem Schlag ein. Anfangs waren mehr als zwei Drittel der Bevölkerung gegen das Gesetz. Auch die Grundeigentümer opponierten, weil sie massive Behinderungen beim Betrieb der Almen befürchteten. Erst als die Landesregierung auch Finanzhilfen für die naturnahe Bewirtschaftung beschloss – für die Pflege von Almwiesen, den Wegebau, die Renovierung alter Wirtschaftsgebäude oder den Viehauftrieb –, beruhigten sich die Gemüter. Auch die Almgasthäuser und Schutzhütten wurden in die Förderung einbezogen, was den Fremdenverkehr stark förderte.

Wohl auch deshalb wünschten Mitte der 1990er-Jahre in einer Umfrage neun von zehn Anrainern sogar die Ausweitung des Nationalparks. Ein prächtiger Erfolg, der die Behörden rückwirkend auch in dem bereits 1987 umgesetzten Beschluss bestätigte, auf Kärntner Boden gleich einen zweiten Nationalpark zu errichten, in den Nockbergen nämlich.

Auf einen Blick

Der Nationalpark kann im Rahmen von Wanderungen, Berg-, Ski- oder Schneeschuhtouren jederzeit besucht werden. Geführte Wanderungen mit professionellen Rangern sind von Juni bis Mitte September bzw. Anfang Januar bis Ende März möglich. **Kontakt:** Nationalparkverwaltung Kärnten, Döllach 14, A-9843 Großkirchheim, Tel. 04825 61 61-0, Info-Hotline 04824 27 00, https://hohetauern.at/de/

Nationalparkzentrum Mallnitz: 600 m² große Erlebniswelt, in der man die Grundgeheimnisse des Lebens mit allen Sinnen erkunden kann (April–Okt. tgl. 10.00–18.00 Uhr). Mallnitz 36, A-9822 Mallnitz, Tel. 04825 6161 (Wochenende: Tel. 0478 47 01), www.bios-mallnitz.at

Weitere Infostellen: in Heiligenblut, auf der Franz-Josefs-Höhe und in Mörtschach

Ausgedehnte Gletscherfelder wie die Pasterze sind ein Charakteristikum des Nationalparks Hohe Tauern. Die Folgen der Erderwärmung kann man hier hautnah begreifen.

Maßstab 1:300.000
Nationalpark
Hohe Tauern
Biosphärenpark
Kärntner
Nockberge
Lungau
Tamsweg
Mauterndorf
Katschberghöhe
Gmünd
Spittal a.d.Drau
Radenthein
Bad Kleinkirchheim
Millstatt a. See
Bad Gastein
Bad Hofgastein
Dorfgastein
Rauris
Großglockner
Hochtor
Heiligenblut
Obervellach
Mallnitz
Lienz
Kaprun
Radstädter Tauernpass
Ankogel
Reißeck
Hochalm-Sp.
Edelweißspitze
Großglockner-Hochalpenstraße

GIPFEL- UND GLETSCHERREICH

Kärnten ist mehr als liebliche Badeseen und südländisch anmutende Städte. Im oberen Land kann man seine majestätische, raue, manchmal auch gefährliche alpine Seite erleben – ein Traum für Bergfexe und Freunde der stürzenden Wasser. Kein Wunder, dass hier mit der Großglockner-Hochalpenstraße auch die schönste Panoramastraße Österreichs verläuft.

1 Spittal an der Drau

Mit 15 500 Einwohnern ist Spittal der kulturelle und wirtschaftliche Mittelpunkt in Oberkärnten.

SEHENSWERT

Die Stadt ist geprägt vom Wirken der Ortenburger, die hier 1191 ein Hospital stifteten; heute ist im **Spittl** die Fachhochschule untergebracht. Das palazzoähnliche **Schloss Porcia** (16. Jh.) mit seinem zauberhaften Innenhof gilt als schönstes Renaissancegebäude nördlich der Alpen und beherbergt heute das interessante **Museum für Volkskultur** (Burgplatz 1, www.museum-spittal.com; April–Okt. tgl. 10.00–16.00, sonst Mo.–Do. 13.00–16.00 Uhr).

RESTAURANT

Das **€€ Glashaus** (Hauptplatz 12, Tel. 04762 22 17, www.the-satisfactory.at; Di.–Fr. mittags und abends, Sa. nur abends) bietet schrägen Einrichtungsmix im Weltcafé und zwei schöne Sonnenterrassen.

UMGEBUNG

Das **Goldeck,** der über 2000 m hohe Hausberg der Spittaler, ist direkt vom westl. Stadtrand aus mit der neuen Gondelbahn zu erreichen (Zur Seilbahn 10, Tel. 04762 28 64, www.sportberg-goldeck.com); besonders eindrucksvoll sind die Sonnenaufgangsfahrten im Sommer. In **Molzbichl** (6 km südöstl.) wurden bedeutende Funde aus dem frühen Mittelalter entdeckt, die im Museum Carantana (www.carantana.at; Mitte Mai–Mitte Okt. Di.–So. 10.00–12.00, 13.00–17.00 Uhr) zu sehen sind. Das **Römermuseum Teurnia** (5 km nordwestl.; St. Peter in Holz 1 a, Lendorf bei Spittal, www.landesmuseum.ktn.gv.at; Mai–Okt. Di.–So., Fei. 10.00–16.00, Juli, Aug. bis 17.00 Uhr) zeigt die Reste einer Römerstadt von 1200 v. Chr. Über dem Dorf **Gerlamoos** (24 km westl.) versteckt sich am Waldrand eine Georgskirche mit beeindruckenden Wandmalereien von Thomas von Villach aus dem Jahr 1470.

INFORMATION

Tourismusverband Spittal an der Drau, Burgplatz 1, A-9800 Spittal an der Drau, Tel. 04762 3 72 00, www.millstaettersee.at

Tipp

Heiterer Abend

Das Ensemble Porcia hat sich den europäischen Komödien verschrieben und bringt im Sommer das Publikum im Innenhof des malerischen Schlosses auf hohem Niveau zum Schmunzeln. Am Nachmittag werden Schauspielkurse für Kinder angeboten. Es gibt auch den Theaterwagen, der zum Saisonauftakt durch Wien und alle Kärntner Bezirke tourt. Egal welches Stück – ein heiterer Abend darf erwartet werden.

Schloss Porcia, Spittal, Tel. 04762 4 20 20, www.ensemble-porcia.at

Stift Millstatt mit der Kirche St. Salvator und Allerheiligen vor dem Millstätter See; Granattor auf der Millstätter Alpe; Ausfahrt mit Fischer Georg Dabernig auf dem Millstätter See

2 Millstatt

Der Ferienort (3400 Einw.) liegt am Nordufer des Millstätter Sees. Schon im 11. Jh. gründeten Benediktiner das Kloster, das 1773 aufgehoben wurde.

SEHENSWERT

Das **Stiftsmuseum** (Stiftsgasse 1, www.stiftsmuseum.at; Mitte Mai–Mitte Sept. Di.–So. 10.00–16.00 Uhr, Juli/Aug. tgl.) gibt Einblicke in die Historie. In der **Stiftskirche TOPZIEL** mit dem Weltgerichtsfresko (1518) von Urban Görtschacher verhüllt von Aschermittwoch bis zur Karwoche das rund 50 m² große Millstätter Fastentuch (1593) den Hochaltar.

VERANSTALTUNGEN

Im Rahmen der **Musikwochen Millstatt** (www.musikwochen.com) finden im Sommerhalbjahr in der Stiftskirche klassische Konzerte statt.

AKTIVITÄTEN
Panoramablicke auf den See genießen Wanderer auf dem **Sentiero dell'Amore** (8,5 km) und dem **Millstätter-See-Höhensteig** (8 Etappen, insgesamt 196 km). Beide Wege treffen auf 2060 m Höhe am **Granattor** aufeinander, dem mit Granatgestein gefüllten eisernen Durchgang am Grat der Millstätter Alpe.

UNTERKUNFT
Direkt am See kümmert sich Familie Aniwanter im Hotel **€€€ Die Forelle** (Fischergasse 65, Tel. 04766 2 05 00, www.hotel-forelle.at) seit 130 Jahren um ihre Gäste.

UMGEBUNG
Eine Zeitreise ins Mittelalter erlebt man auf **Burg Sommeregg** (7 km nordwestl., Schlossau 7, Seeboden, www.sommeregg.at; Ende April bis Okt. tgl. 11.00–17.00, Mai/Juni 10.00–18.00, Juli/Aug. bis 20.00 Uhr). Im Foltermuseum werden Hunderte Originalexponate gezeigt.

INFORMATION
Tourismusbüro Millstatt, Marktplatz 8, A-9872 Millstatt, Tel. 04766 20 22, www.millstaettersee.com

❸ Bad Kleinkirchheim

Wellness, Wandern, Wintersport – all das ist in dem Heilbad (1700 Einw.) im Herzen der Nockberge möglich. Bereits vor 500 Jahren wurden hier heilende radonhaltige Quellen entdeckt.

SEHENSWERT
Die 1492 erwähnte spätgotische **Katharinenkirche** mit ihrem Flügelaltar (frühes 16. Jh.) wurde direkt bei der Heilwasserquelle gebaut. Das 36° C warme Wasser speist die beiden **Thermen St. Kathrein** (nach Sanierung wiedereröffnet) und **Römerbad** sowie die Wellnessbereiche einiger Hotels.

UNTERKUNFT/RESTAURANTS
Das **€€€€ Pulverer** (Thermenstr. 4, Tel. 04240 7 44, www.pulverer.at) punktet mit luxuriöser Ausstattung, eigener Therme und einem Gourmetrestaurant im alten Holzbauernhaus. Gleich gegenüber liegt mit dem **€€€€ Ronacher** (Thermenstr. 3, Tel. 04240 2 82, www.ronacher.com) ein weiteres Fünf-Sterne-Haus mit 4500 m² großer Thermenwelt und Haubenrestaurant. Das **€€ Heidi-Hotel Falkertsee** (15 km nordöstl., Falkertsee 2, Falkert-Patergassen, Tel. 04275 72 22, www.heidi-hotel.at) ist auch ein schönes Ziel für einen Tagesausflug mit Kindern.

UMGEBUNG
In **Radenthein** (9 km westl.) begeistert das Granatium (Klammweg 10, www.granatium.at; Mai/Juni Mi.–Mo. tgl. 10.00–18.00, Sept./Okt. bis 17.00, Juli, Aug. tgl. 10.00–19.00 Uhr), ein Erlebnismuseum rund um Granat-Edelsteine. In der Gemeinde **Reichenau** (12 km nordöstl.) gibt es zwei völlig verschiedene Bergwelten zu erleben. Die **Nockberge** (www.biosphaerenparknockberge.at) strahlen Ruhe aus mit ihren sanften Kuppen, einer idyllischen Panoramastraße (www.nockalmstrasse.at) und dem seit rund 200 Jahren von der Familie Aschbacher betriebenen Karlbad, wo »nach alter Väter Sitte« im Holztrog gebadet wird (Mitte Juni bis Mitte Sept., Info Tel. 0664 2 81 24 95). Die **Turracher Höhe** hingegen verwandelt sich im Winter in ein Familienskigebiet und lockt im Sommer mit herrlichen Wanderwegen sowie einer rasanten Rodelfahrt mit dem »Nocky Flitzer« (www.turracherhoehe.com; Ende Juni–Okt., Mitte Dez.–Mitte April 10.00–16.00, Juli/Aug. bis 17.00 Uhr).

INFORMATION
Bad Kleinkirchheim Region Marketing, Dorfstr. 30, 9546 Bad Kleinkirchheim, Tel. 04240 82 12, www.badkleinkirchheim.at

❹ Gmünd in Kärnten

Die Künstlerstadt (2600 Einw.), bei der Malta und Lieser zusammenfließen, hat ihren mittelalterlichen Kern nicht nur bewahrt, sondern mit Läden, Ateliers und Galerien belebt. Vor allem im Sommer treffen sich hier renommierte internationale Künstler und zeigen ihre Werke (www.kuenstlerstadt-gmuend.at).

IM KARLBAD DER FAMILIE ASCHBACHER WIRD »NACH ALTER VÄTER SITTE« IM HOLZTROG GEBADET.

SEHENSWERT
Dürer, Goya, Miró – in der **Stadtturmgalerie** (Hauptplatz, Tel. 04732 22 15 24; Anf. Mai-Ende Sept. tgl. 10.00–13.00, 14.00–18.00 Uhr) wird jeden Sommer eine hochkarätige Ausstellung mit Originalwerken gezeigt. Beim Flanieren durch die **Altstadt** kann man Künstlern bei der Arbeit zuschauen und die Eindrücke auf der **Alten Burg** (Burgwiese 1, Tel. 04732 36 39, www.alteburg.at; Juli/Aug. tgl., sonst Do.–So.) bei einem Kaffee sacken lassen.

MUSEUM
Dass in Gmünd in den 1940er-Jahren die ersten Fahrzeuge mit Namen Porsche gebaut wurden – Ferdinand Porsche hatte die Produktion für einige Jahre hierher verlagert –, zeigt das private **Porsche-Automuseum** (Riesertratte 4 a, www.auto-museum.at; Mitte Mai–Mitte Okt. tgl. 9.00–18.00, davor/danach, d.h. ab Anf. April bzw. bis Anf. Nov. 10.00–16.00 Uhr).

Karlbad an der Nockalmstraße; Berghotel Malta an der Kölnbreinsperre

RESTAURANT
Der traditionsreiche **€ Gasthof Kohlmayr** (Hauptplatz 7, Tel. 04732 21 49, www.gasthof-kohlmayr.at; im Winter Mo. geschl.) bietet günstige Menüs im 400 Jahre alten Gebäude.

INFORMATION
Stadtgemeinde Gmünd, Hauptplatz 20, A-9853 Gmünd in Kärnten, Tel. 04732 22 15, www.stadtgmuend.at

❺ Malta-Hochalmstraße

Vorbei an vielen Wasserfällen windet sich die mautpflichtige Malta-Hochalmstraße über 14 Kilometer durch enge Kehren und Natursteintunnel von 900 auf 1900 m Höhe. Oben wartet die nächste Attraktion: die **Kölnbreinsperre TOP-ZIEL**, mit 200 m Österreichs höchste Staumauer. Besucher können sich im Erlebniszentrum über die Energiegewinnung informieren oder sich auf die gläserne Aussichtsplattform wagen (Tel. 050313 3 93 63, www.verbund.com/tourismus; Straße: Ende Mai–Ende Okt. tgl. 7.00–18.00, Führung: 10.00–17.00 Uhr, jede volle Std.).

UNTERKUNFT/RESTAURANT
Das moderne **€ Berghotel Malta** (Brandstatt 36, Malta, Tel. 050313 3 91 30, www.berghotelmalta.at), direkt bei der Talsperre, ist ein beliebter Stützpunkt für Wanderer und Biker. Im Restaurant mit Panoramablick und Sonnenterrasse werden regionale Köstlichkeiten serviert.

INFORMATION
Familienregion Lieser-/Maltatal, Hauptplatz 20, A-9853 Gmünd, Tel. 04732 22 22, www.familiental.com

❻ Obervellach

Der Schroth- und Luftkurort (2300 Einw.) im Mölltal wird als »Velah« im 10. Jh. erstmals erwähnt. Die **Feste Groppenstein** (Privatbesitz) ist über 700 Jahre alt. Die hübschen Bürgerhäuser am Marktplatz und die Pfarrkirche **St. Martin** (um 1500)gehen auf die Zeit zurück, als vor Ort noch Gold und Kupfer abgebaut wurden.

UMGEBUNG
Durch die spektakuläre **Raggaschlucht TOP-ZIEL** (6 km westl.; Schmelzhütten 11, Flattach,

Tel. 04785 615, www.flattach.at; Juni–Aug. tgl. 9.00–17.30, Mai, Sept./1. Okt.-Hälfte 10.00 bis 16.00, restl. Okt. 11.00–15.00 Uhr) führen Stege in 1,5 Std. an Wasserfällen vorbei und über tiefe Abgründe; festes Schuhwerk ist ratsam! Von der Talstation des Ganzjahresskigebiets **Mölltaler Gletscher** (15 km nordwestl.; Innerfragant 46, Flattach, Tel. 04785 81 10, www.gletscher.co.at; tgl. 8.00–16.00 Uhr) ist man mit dem Gletscherexpress, einer Standseilbahn, in 8 Min. im Schnee. Den Kurort **Mallnitz** (9 km nördl.) auf 1200 m Höhe kennen viele wegen der Tauernschleuse, die Autos per Bahn durch einen 8 km langen Tunnel ins salzburgische Gasteinertal bringt. Das Nationalparkzentrum Mallnitz (Mallnitz 36, Tel. 04784 7 01, www.mallnitz.at; Ende April–Sept. tgl. 10.00–18.00 Uhr) ist eine 600 m² große Erlebniswelt für Naturfreunde.

UNTERKUNFT
Das rundum erneuerte **€€ Hotel Bergkristall** (Mallnitz 15, Tel. 04784 2 00 24, www.bergkristall-mallnitz.at) bietet freundliche Zimmer und einen kleinen Wellnessbereich.

INFORMATION
Marktgemeinde Obervellach,
A-9821 Obervellach, Tel. 04782 22 11,
www.obervellach.gv.at

7 Großglockner-Hochalpenstraße

Die **Großglockner-Hochalpenstraße TOPZIEL** (Tel. 06546 6 50, www.grossglockner.at; Juni–Aug. tgl. 5.30–21.00, Mai, Sept., Okt. 6.00–20.00 bzw. nur bis 19.30 Uhr; letzte Einfahrt 45 Min. vor der Nachtschließung, Preis pro Pkw 45 Euro, E-Pkw 38 Euro) ist die schönste Panoramastraße Österreichs. Auf 48 km Länge mit 36 Kehren führt sie von Heiligenblut zur Franz-Josefs-Höhe (2369 m) mit herrlichem Blick auf Großglockner (3798 m) und Pasterze. Nach einem Abstecher zur Edelweißspitze (2571 m) geht es hinab ins salzburgische Bruck a. d. Glocknerstraße. Lehrpfade und Ausstellungen an der Strecke informieren über Flora, Fauna, Historie. Sieben Themenwanderwege laden zum Naturerlebnis ein.
Am Startpunkt der Hochalpenstraße liegt der Ferienort **Heiligenblut**. Bereits im Mittelalter erbaten Reisende hier göttlichen Beistand für die gefährliche Alpenüberquerung. Die spätgotische Wallfahrtskirche wurde 1491 dem hl. Vinzenz geweiht.

UMGEBUNG
Im Mautturm (urspr. um 1300) von **Winklern** (22 km südl. von Heiligenblut) beeindruckt die Ausstellung »Tauern-Kristall-Schatz« (Tel. 04822 2 27 20; Ende Mai–Anf. Okt. tgl. 10.00 bis 16.00, Juli/Aug. 9.30–17.30 Uhr).

INFORMATION
Infocenter Heiligenblut, Hof 38,
A-9844 Heiligenblut, Tel. 04824 27 00 20,
www.heiligenblut.at

AUF VIER HUFEN ÜBER DIE BERGE

Beim Wanderreiten im Nationalpark Hohe Tauern kann man auf dem Pferderücken die alten Handelswege der Säumer entdecken und von oben herab weit ins Tal blicken. Gold, Salz und Wein schleppten die starken Noriker der Säumer einst über die Pässe der Hohen Tauern. Zwischen sechzig und achtzig Kilo hatten sie dabei auf dem Rücken und scheuten sich nicht vor schmalen Pfaden neben gefährlichen Abgründen.

Ein Teil der alten Handelswege konnte erhalten werden. Die meisten Naturfreunde beschreiten die Pfade zu Fuß, was natürlich auch seinen Reiz hat. Aber wer sich einmal wie ein richtiger Säumer fühlen möchte, wandelt mit einem Pferd auf den Spuren der Vergangenheit. Die Reiterhöfe in der Region bieten entsprechende Touren auf gutmütigen, trainierten Schul- und Freizeitpferden an.

Je nach Können und Abenteuerlust geht es mit sicherem Tritt hinauf auf die Gipfel, durch Goldgräberschluchten oder romantische Wälder. Die Hohen Tauern sind ein ideales Gebiet zum Wanderreiten. Das Reitwegenetz in der Region ist gut ausgebaut und umfasst mehrere Hundert Kilometer. Pferdebesitzer können sogar ihren eigenen Liebling in den Urlaub mitnehmen.

Statt Gold, Salz und Wein tragen die Pferde heute Feriengäste über die alten Pfade in den Tauern.

Wanderreiten im Nationalpark Hohe Tauern
Angebote von einstündigen Ausritten bis zu Mehrtagestouren findet man z. B. bei:
Landgut Moserhof
Moos 1, A-9816 Penk/Reißeck, Tel. 04783 23 00,
www.landgut-moserhof.at
Reiterhof Krabeter
Penk 14, A-9816 Penk, Tel. 0664 3737 3488, www.krabeterhof.at
Kosten: Halbtagestouren gibt es ab 55 €, ganztägige ab 100 €

Die einladendsten Landgasthöfe

SCHLEMMEN UND SCHLUMMERN

Ob gediegener Herrensitz aus dem Biedermeier, rustikales Wirtshaus oder schräge Bio-Erlebniswelt, ob Backhendl, Seebarsch oder Braten aus der eigenen Metzgerei – in diesen Landgasthöfen lässt sich ohne Reue schlemmen. Und hernach zu bodenständigen Preisen übernachten.

1 Lerchenhof

So wünscht man sich gediegenes Wohnen auf dem Lande: ein Biedermeierschlössl, dem ein alter Obstgarten zur Seite steht, inmitten weiter Wiesen. Auch die Innenräume sind von Geschichte getränkt: der stattliche Stiegentrakt, die Marmorsäulen, Antiquitäten als Möbel, der Kachelofen, das Klavier … Seit den 1960er-Jahren hat die Familie Steinwender den Lerchenhof Schritt für Schritt liebevoll restauriert. Und zugleich dafür gesorgt, dass zeitgemäßer Komfort einziehen und das Restaurant samt der hauseigenen Fleischerei zu einer renommierten Slow-Food-Adresse aufsteigen konnte.

Untermöschach 8,
9620 Hermagor,
Tel. 04282 21 00,
www.lerchenhof.at

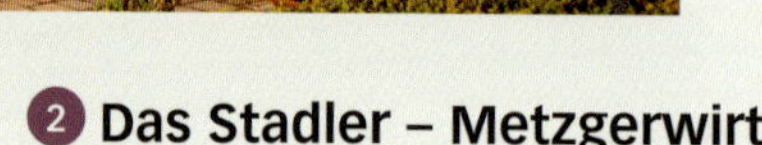

2 Das Stadler – Metzgerwirt

Auf halbem Weg zwischen Bad Kleinkirchheim und dem Millstätter See verwöhnt der gutbürgerliche Betrieb schon seit über hundert Jahren seine Gäste. Die Speisekarte spiegelt die Bandbreite der Kärntner Küche wider: von Kasnudeln, Reindling und Kirchtagssuppe bis Spargel, Kürbis oder Martinigans, je nach Saison. Auch fangfrische Barsche, Hechte und Reinanken landen auf dem Teller. Vor allem aber verwöhnt der Metzgerwirt – nomen est omen – mit fleischlichen Genüssen: Braten, Schnitzeln, Blutwürsten und hausgeräuchertem Nockschinken, den man auch für zu Hause mitnehmen kann.

Hauptstraße 22,
9545 Radenthein,
Tel. 04246 20 52,
www.metzgerwirt.co.at

3 Gasthof Liegl

Das Credo der Familie Liegl lässt sich am trefflichsten mit »beste Kärntner Bodenständigkeit« umschreiben. Entsprechend kreist ihre Kreativität um Kas-, Fleisch- und Kletzennudeln, um Backhendl, Beiried und Saiblingsfilet. Nicht einmal die Haube, die Gault Millau den liebenswürdigen Wirtsleuten bereits vor zwanzig Jahren aufsetzte, konnte ihnen den Kopf verdrehen. Bei allem Upgrading in Richtung Genießerlokal: Hier geht man immer noch nicht groß aus, sondern »bloß« vorzüglich speisen.

St. Peter bei Taggenbrunn 2,
9313 St. Georgen am Längsee, Tel. 04213 21 24,
www.lieglamhiegl.at

4 Brunnwirt

Sie wollen Kärntens Nordosten erkunden? Dann sollten Sie beim Brunnwirt Quartier nehmen. Nur ein Katzensprung ist es von hier nach Friesach, Gurk und Hüttenberg, auf den Magdalensberg und zur Hochosterwitz. Zudem ist das Haus seit über fünfzig Jahren ein Inbegriff gehobener Gastlichkeit. Hier kultiviert man – auch dank eigener Metzgerei – eine anspruchsvoll-österreichische Küche, gewürzt mit einer Prise Italianità.

Unterer Markt 2,
9334 Guttaring,
Tel. 04262 81 25,
www.kassl-brunnwirt.at

5 Landgasthof Neugebauer

Keine Frage, der einst bedeutende Bergbauort Lölling liegt heute abseits der Touristenrouten. Eine Wirtsfamilie wie die Neugebauers kann das jedoch nicht erschüttern, pilgerten doch jahrzehntelang die Gäste in den kleinen Ort, um köstlich-knusprige Brat- und Backhühner zu verspeisen. Dank der Kochkunst von Wirtin Franziska und Tochter Stefanie hat sich die »Hendlstation« zu einem haubengekrönten Schatzkästlein gemausert, das trotz hohen Testerlobs die Bodenhaftung freilich nicht verloren hat.

Graben 6, 9335 Lölling,
Tel. 04263 4 07,
www.landgasthof-neugebauer.at

6 Tschebull

Wenn einer das Prädikat »Pionier« verdient, dann ohne Zweifel Hans Tschemernjak. Als Bauernsohn hat er den Wert regionaler Qualitätsprodukte schon erkannt, als die Gastronomie noch auf Steak Hawaii mit Pommes schwor. Und auch das »Genießen ohne Grenzen«, die Alpen-Adria-Küche, hat er so früh propagiert wie kaum ein anderer. Nicht zufällig lässt er in seinen gemütlichen Stuben und auf der überdachten Terrasse des über 150 Jahre alten Fuhrwerker-Wirtshauses Kassuppe und Almochsen genauso selbstverständlich servieren wie Riesenscampi und gebratene Salami mit Balsamico.

Seeuferstraße 26,
9580 Egg am Faaker See,
Tel. 04254 21 91,
www.tschebull.cc

7 Kleinsasserhof

Das erwartet man wirklich nicht, wenn man vom Drautal das schmale Sträßchen durch den Wald hochfährt und vor der 500-jährigen Holzfassade parkt: An den Wänden dicht an dicht die Konterfeis von Ronald Reagan, Che Guevara und Elvis, dazwischen die Jungfrau Maria; ausgestopfte Elch- und Gemsenköpfe neben Gegenwartskunst oder einer NASA-Rakete. »Unser Konzept«, sagt Wirtin Walli, »ist die Konzeptlosigkeit und rein gefühlsbestimmt.« Mit liebevoller Sammelwut haben sie und ihr Josef aus einer Allerweltsherberge eine nostalgisch-biologische Erlebniswelt gemacht, voller Kuriositäten, Raritäten und Antiquitäten. Seither kommen vor allem Städter – Künstler, Medien- und Werbeleute –, um das fröhliche Ambiente mit den vielen Haustieren und auch Josefs formidable Kochkunst zu genießen, die zum Großteil auf selbst produziertem Fleisch, Gemüse, Obst und Brot basiert. Fast überflüssig, zu erwähnen, dass die vierzehn Gästezimmer individuell gestaltet sind und sich statt Pool ein Schwimmbiotop im Garten findet.

Kleinsaß 3,
9800 Spittal an der Drau,
Tel. 04762 22 92,
www.kleinsasserhof.at

Fronleichnamsprozession im Liesertal; Trachtenkapelle Liesing beim Lesachtaler Dorf- und Brotfest; Erstkommunion im Stift Millstatt

HILFREICH & NÜTZLICH

Praktische Informationen für die Reise in Österreichs südlichstes Bundesland und für einen rundum gelungenen Aufenthalt finden Sie hier, von A bis Z.

Anreise

Auto/Motorrad: Aus Deutschland über die A 8 von München nach Salzburg und weiter über die Tauernautobahn A 10 Richtung Spittal.
Flugzeug: Von Wien (www.austrian.com), Hamburg und Köln/Bonn (www.eurowings.com) gibt es regelmäßige Verbindungen und Direktflüge. Vom und zum Flughafen der Landeshauptstadt Klagenfurt (www.klagenfurt-airport.at), 3 km nördlich des Stadtzentrums, fahren Einzel- und Sammeltaxis.
Bahn: Klagenfurt und Villach liegen an der Haupt-Nord-Süd-Verbindung von Deutschland nach Italien sowie Slowenien und dem Balkan. Tägliche Direktzüge gibt es u. a. von München nach Villach (Fahrzeit ca. 4,5 Std.).
Bus: Inzwischen ist Klagenfurt ans Fernbusnetz angeschlossen (www.flixbus.de).

Apps

Für Infos rund um Wegeauskunft, Preise, Fahrpläne sowie mobile Tickets eignet sich die App des Verkehrsverbunds Kärntner Linien. Für die Planung von Touren oder Neuigkeiten aus dem Bundesland gibt es die Kärnten Apps in diversen Ausführungen. Kärnten Maps, Alpe Adria Radweg, Drauradweg und die App Kärnten versorgen mit Infos, regionales Wetter inklusive. Stadtrundgänge und mehr bietet die Klagenfurt App. Shops, Kultur, Stadtgeschichte, aktuelle Termine oder Freizeitmöglichkeiten lotsen zu den Points of Interest. Die Region Villach App kann mit magischen Orten und tollen Kulinarik-Tipps aufwarten. Neu ist eine Wörthersee App., die »Visit Wörthersee App – Ihre digitale Reisebegleiterin für alle Saisonen«.

Auskunft

In Deutschland: Österreich Werbung Deutschland GmbH, Klosterstr. 64, D-10179 Berlin, Tel. +49 (0)30 2 19 14 80, deutschland@austria.info
In Österreich/Kärnten: Österreich Werbung Wien, Vordere Zollamtsstr. 13, A-1030 Wien, Tel. +43 (0)1 5 88 66, urlaub@austria.info
Kärnten Werbung GmbH, Völkermarkter Ring 21, A-9020 Klagenfurt am Wörthersee, Tel. +43 (0)4 63 30 00, info@kaernten.at
Kostenfreie Österreich-Information: aus Deutschland, der Schweiz und Österreich Tel. 00800 400 200 00, tgl. 9.00–13.00 Uhr (www.austria.info).
Im Internet: Infos über das Bundesland finden sich auf der offiziellen Seite von Kärnten (www.kaernten.at), der Österreich Werbung (www.austriatourism.com) und dem Portal der Kärnten Card (www.kaerntencard.at).

Autofahren

Verkehrsregeln: In Kärnten gelten weitgehend die gleichen Verkehrsregeln wie in Deutschland – Anschnallpflicht, Handyverbot, Promillegrenze 0,5, Höchstgeschwindigkeit 50/100/130 (innerorts, Landstraße, Autobahn). Sie werden streng geahndet und mit hohen Geldbußen bestraft. In blau markierten Zonen muss ein Parkschein gelöst werden, grüne Bereiche sind für Elektroautos reserviert.

Feiertage

1. Januar (Neujahr), 6. Januar (Dreikönigstag), 1. Mai (Staatsfeiertag), 15. August (Mariä Himmelfahrt), 26. Oktober (Nationalfeiertag), 1. November (Allerheiligen), 25./26. Dezember (Weihnachten)

Gesundheit

Wer die Europäische Krankenversicherungskarte (EHIC, E-Card) vorlegt, wird in staatlichen Krankenhäusern und von Kassenärzten kostenlos behandelt. In privaten Arztpraxen und Kliniken gehen Behandlungen oft zügiger voran, meist muss aber vor Ort bezahlt werden. Bei Vorlage der Rechnung bekommt man sein Geld in der Regel von der Krankenkasse zurück.
Notruf/Ambulanz: 144

Hotels

Ausgewählte Adressen finden Sie auf den Infoseiten der vorangegangenen Kapitel dieses Reisebandes.

Preiskategorien

€€€€	Doppelzimmer	über 200 €
€€€	Doppelzimmer	150–200 €
€€	Doppelzimmer	100–150 €
€	Doppelzimmer	50–100 €

Die Obere Kapelle hl. Dreifaltigkeit in Lesachtal-Obergail wird auch Letter-Kapelle genannt.

Märkte

Fast jeder Ort hat seinen eigenen Wochenmarkt. Zu den schönsten zählen der Benediktinermarkt in Klagenfurt (Do. und Sa.) mit kulinarischen Einflüssen aus Slowenien, Italien und heimischen Erzeugnissen sowie die Villacher Markthalle (Mi. und Sa.) im Herzen der Draustadt. In Villach gibt es in regelmäßigen Abständen auch einen großen Flohmarkt (So.) am Parkplatz des Parkhotels (www.stadtflohmarkt.at).

Öffentlicher Verkehr

Taxi: Die Grundgebühr für eine Fahrt liegt in der Regel zwischen drei und vier Euro. Dazu kommen zwei Euro pro gefahrenem Kilometer.
Bahn: Vom Klagenfurter Hauptbahnhof gibt es regelmäßige Zugverbindungen (S-Bahn) in die größeren Städte Kärntens: über St. Veit an der Glan nach Feldkirchen oder Friesach und von Klagenfurt nach Wolfsberg oder Villach.
Freizeitticket: An Wochenenden und Feiertagen kann man mit dem preisgünstigen Freizeitticket der Kärntner Linien (Busse und Bahnen) ganz Kärnten entdecken, Infos unter www.kärntner-linien.at.

Öffnungszeiten

Apotheken: Mo.–Fr. 8.00–12.30 und 14.30–18.00 (teils auch durchgehend), Sa. 8.00–12.00 Uhr.
Banken: In der Regel Mo.–Fr. 8.00–12.00 und 14.00–16.00 Uhr.
Geschäfte: Mo.–Fr. 8.00/10.00–18.00/18.30, Sa. 8.00/10.00–17.00/18.00, große Supermärkte oft bis 20.00 Uhr, während der Hauptsaison in Tourismusorten teils auch So. und Fei.
Restaurants: In der Regel 11.00–15.00 und 18.00–23.00 Uhr.

Post und Telefon

Ein gewöhnlicher Brief oder eine Postkarte ins EU-Ausland kostet 0,90 Euro. Die Laufzeit beträgt drei bis fünf Tage.
Telefonvorwahlen: Die Vorwahl für Österreich lautet 0043. Wer von Kärnten ins Ausland telefonieren möchte, wählt 0041 für die Schweiz, 0049 für Deutschland oder 0039 für Italien und lässt die erste 0 für die Ortsvorwahl weg. Innerhalb Österreichs wählt man wie in Deutschland die Ortsvorwahl mit der ersten 0.

Restaurants

Ausgewählte Restaurantadressen finden Sie auf den Infoseiten der einzelnen Kapitel.

Preiskategorien

€€€€	Hauptspeisen	über 25 €
€€€	Hauptspeisen	18 – 25 €
€€	Hauptspeisen	12 – 18 €
€	Hauptspeisen	unter 12 €

Rundflüge

Helikopterflüge: Goldeck-Flug, Turbinenhelikopter oder Jetpropflugzeuge am Flughafen Klagenfurt (www.goldeckflug.at).

Sport

Golfen: Kärnten verfügt über elf Golfplätze der unterschiedlichsten Schwierigkeitsgrade (www.kaernten.at/golf).
Klettern: Im Klettergarten Kanzianiberg bei Finkenstein kommen Outdoorenthusiasten voll auf ihre Kosten. Indoorfreunde gehen in die »Boulderama«-Halle in Klagenfurt (Tel. 0463 31 85 45, https://boulderama.at).
Radfahren: Mehrere Hundert Kilometer des Straßennetzes sind fahrradtauglich. Für Familien eignet sich der Drauradweg mit seinen zahlreichen Zwischenstationen. Auch für Mountainbiker gibt es viele gute Reviere. Ein Klassiker ist der mehr als zwölf Kilometer lange Flow-Country-Trail auf der Petzen. Geführte Touren für das Nassfeld werden z. B. von Sölle Sport in Hermagor-Tröpolach angeboten (Tel. 04285 71 00, www.soelle.at). Radurlaube gibt es auf www.kaernten-radreisen.at oder www.alps2adria.at.
Reiten: Kärnten ist ein Eldorado für Pferdefreunde. Auf vielen qualifizierten Reiterhöfen kann man Kurse belegen oder an geführten Touren teilnehmen. Reiterferien findet man auf www.reiturlaub-kaernten.at.
Segeln: Kärntens Seen bieten für jeden Segler ein passendes Gewässer. Segelkurse gibt es z. B. in der Sport- und Segelschule Wörthersee (Veldener Bucht, Tel. +43 664 4 20 21 18, www.segelschule-woerthersee.at).
Tauchen: Kein anderes Bundesland weist so viele spektakuläre stehende Gewässer auf wie Kärnten. Vielerorts gibt es Tauchkurse.
Wandern: Mit seinen Traumpfaden ist Kärnten ein Paradies für Wanderer. Hier beginnt der beliebte Alpe-Adria-Trail mit mehr als 750 km Gesamtlänge, der vom Großglockner in 43 Etappen bis ans Meer führt. Auch innerhalb des Landes gibt es mit dem Hemma-Pilgerweg,

Info

Daten & Fakten

Landesnatur: Österreichs südlichstes Bundesland ist 9533 km² groß und grenzt an Osttirol, Salzburg, die Steiermark sowie an Italien und Slowenien. Die maximale Ausdehnung beträgt in Nord-Süd-Richtung 70 km, in Ost-West-Richtung 160 km. Kärnten bildet eine weitgehend geschlossene Beckenlandschaft, die im Süden von den Karnischen Alpen bzw. Karawanken, im Nordwesten von den Hohen Tauern, im Norden von Gurk- und Seetaler Alpen sowie Packalpe und im Osten von der Koralpe umschlossen wird, das sind insgesamt an die hundert Dreitausendergipfel. Kärntens Hauptfluss, die Drau, bildet in West-Ost-Richtung eine Art Landschaftsachse. Fast alle Gewässer fließen zu ihr hin. Außerdem umfasst das Land rund 1270 Seen und andere stehende Gewässer. Die vier größten Seen sind Wörther-, Ossiacher, Millstätter und Weißensee. Mit dem Großglockner (3798 m) besitzt das Land die höchste Erhebung. Gegliedert ist das Land in das gebirgige Oberkärnten und das flachere Unterkärnten.
Bevölkerung: 569 750 Menschen (Stand 2024) leben in Kärnten, mehr als die Hälfte in ländlichen Siedlungen. Die größten Städte sind Klagenfurt (104 800 Einw.) und Villach (65 600 Einw.). Die Bevölkerungsdichte ist mit 60 Einw./km² deutlich geringer als im österreichischen Durchschnitt (100 Einw./km²).
Wirtschaft und Politik: Kärnten, eines von neun Bundesländern, ist in acht politische Bezirke unterteilt. Die Gesetzgebung hat der auf fünf Jahre gewählte Landtag mit 36 Abgeordneten inne.
Die Wirtschaft geht zu mehr als zwei Dritteln auf den Dienstleistungssektor zurück. Von Bedeutung ist der Fremdenverkehr mit jährlich über 13 Mio. Übernachtungen, davon fast zwei Drittel ausländische Gäste.

Villachs Hausberg Dobratsch; Segelregatta auf dem Wörthersee

dem Kulturwanderweg Arnoldstein oder einer Wanderung im Biosphärenpark Nockberge bildschöne Routen. Durch die wunderbare Berg-Badeseen-Landschaft kann man sich auf Wunsch auch führen lassen (www.guides.kaernten.at, www.bergwanderfuehrer-kaernten.at). Organisierte Wanderreisen in Kärnten finden sich zum Beispiel bei dem Familienunternehmen Krauland (www.krauland.at) oder Studiosus (www.studiosus.com).

Geschichte

Ab ca. 250 v. Chr.: Keltische Stämme dringen in den Raum des heutigen Kärnten ein. Im 1. Jh. n. Chr. kommen die Römer.
4.–7. Jh. n. Chr.: Das Land wird christianisiert, später germanisch, dann oströmisch und schließlich langobardischden.
8.–9. Jh.: In Quellen taucht erstmals die Bezeichnung Karantanen auf.
11.–14. Jh.: Eine Reihe bedeutender Klöster wird gegründet. Zugleich entwickeln sich wichtige Märkte. 1335 belehnt Ludwig der Bayer die habsburgischen Brüder Albrecht und Otto mit Kärnten, das jetzt zur habsburgischen Hausmacht zählt.
16. Jh.: Luthers Lehre fällt landesweit auf fruchtbaren Boden, auch beim Adel. Eine Generation später hält jedoch die Gegenreformation machtvoll Einzug.
19. Jh.: In den 1860er-Jahren lässt die Fertigstellung der Eisenbahnlinie nach Marburg und Tarvis am Wörther- und Millstätter See zaghaft ersten Fremdenverkehr knospen.
1918–1938: 1918/19 verliert Kärnten durch den Friedensvertrag von St. Germain u.a. Gebiete entlang der Unteren Drau an das Serbisch-kroatisch-slowenische Königreich. Am 10. Oktober 1920 votieren die Bewohner der von Jugoslawen besetzten Zone in einer Volksabstimmung für den Verbleib bei Österreich. Am 12. März 1938 wird Kärnten wie ganz Österreich von Deutschland annektiert.
1945: Nach der Kapitulation Deutschlands besetzen britische Truppen das Land.
1978: Die Kraftwerksgruppe im Maltatal wird eröffnet, zugleich in Hüttenberg der traditionsreiche Eisenerzabbau endgültig eingestellt.
1983: Der Nationalpark Hohe Tauern wird gegründet, 1987 der in den Nockbergen.
1986: Die Tauernautobahn von Salzburg bis Villach wird dem Verkehr übergeben.
1989: Der 39-jährige FPÖ-Vorsitzende Jörg Haider wird Landeshauptmann. 2008 stirbt er bei einem Verkehrsunfall.
2020–2025: Nach den coronabedingten Lockdowns, deretwegen Hotels und Restaurants, Kultureinrichtungen und andere Sehenswürdigkeiten fast zwei Jahre lang geschlossen bleiben mussten, erholt sich der Tourismus schrittweise und erreicht schließlich in den Jahren 2024/2025 wieder das Niveau vor der Pandemie.

Mit 52 Kehren schlängelt sich seit 1981 die mautpflichtige Nockalmstraße durch die Kuppen der Nockberge.

REGISTER

Fette Ziffern verweisen auf Abbildungen

IMPRESSUM

DUMONT Bildatlas Kärnten, 3. Auflage 2025
ISBN 978-3-616-01263-6

Redaktion: Robert Fischer
Text: Walter M. Weiss
Exklusiv-Fotografie: Toni Anzenberger
Zusätzliches Bildmaterial: Seite 39 l. picture-alliance/Robert Biedermann; 39 r. mauritius/Jacek Pochanke/Alamy; 55 r. picture-alliance/Patrick Pleul; 67 o. Ferlacher Kommunal GmbH/Peter Just; 67 u. Euregion HTBLVA Ferlach; 93 picture-alliance/N. Eisele-Hein; 120 l. picture-alliance/J. De Meester; 120 r. picture-alliance/Mirjam Reither; 121 l. o. picture-alliance/Katharina Stoegmueller; 121 r. o. und 121 l. u. picture-alliance/Martin Siepmann; 121 r. u. laif/Gregor Hohenberg
S. 63 o.r.: Gemälde von Karl Schmidt-Rotluff (obere Reihe 1,4,6,7 von links) und Werner Berg (alle anderen) © VG Bild-Kunst, Bonn 2024
Grafische Konzeption, Layout: fpm factor product münchen
Cover Gestaltung: CYCLUS · Visuelle Kommunikation, Stuttgart
Kartografie: © KOMPASS-Karten GmbH, A-6020, Innsbruck; MAIRDUMONT, D-73760 Ostfildern; Kartografie Lawall, D-72669 Unterensingen (Karten »Unsere Favoriten«)
Reproduktionen: PPP Pre Print Partner, GmbH & Co. KG, Köln

Lob oder Kritik? Wir freuen uns auf eine Nachricht!
Trotz gründlicher Recherche schleichen sich manchmal Fehler ein. Wir bitten um Verständnis, dass der Verlag dafür keine Haftung übernehmen kann.
Redaktion DUMONT Reise · MAIRDUMONT · info@dumontreise.de

Anzeigenvermarktung: MAIRDUMONT MEDIA,
Tel. 0711/4502-0, Fax 0711/4502-1012, media@mairdumont.com,
http://media.mairdumont.com

Printed in Germany

Urlaub erinnern ...

Wenn jemand eine Reise tut, dann kann er was erzählen. Und nicht nur das: Er nimmt auch etwas mit. Erinnerungen an die schönste Zeit im Leben.

MEGA-SPEKTAKEL OHNE GLEICHEN

Abertausende Menschen um einen rum. Das ganze Städtchen in Festlaune. Seit mehr als 600 (kein Satzfehler!) Jahren nun schon findet in Bleiburg jeweils im Spätsommer der berühmte Wiesenmarkt statt. Mittlerweile strömen alljährlich für vier Tage von weither über 100 000 Menschen in den Hauptort des östlichen Jauntals, um den historischen Umzügen beizuwohnen sowie bei Musik und Tanz mit reichlich Bier, Met und Köstlichkeiten zu feiern.

HEILSAME GEWÄCHSE

Dass es viele verschiedene Varianten der Verwendung von Kräutern gibt, zeigt sich im Kräuterdorf Irschen. Dort präsentiert das KräuterHausPfarrStadel Kräuterprodukte. Der Biobauernhof Köstl bietet sogar lehrreiche Kräuter-Praktika (www.kraeuterdorf.at).

NUDEL-POTPOURRI

Ob süß oder pikant, mit Fleisch oder Veganem gefüllt: Kärntner Nudeln sind die unbestrittene »Landesspeise« Nummer eins. Wer diesen Klassiker auch daheim genießen will, kann sich in der Norischen Nudlwerkstatt in Guttaring einen Vorrat einpacken lassen. Spätentschlossene bekommen ihn von dort per Online-Bestellung (www.nudl.at), nach authentischem Rezept zubereitet und vorgegart, bis vor die Haustür geliefert.

UDO FOREVER

Udo Jürgens steht wie kein anderer für das gute alte Ferienfeeling am Wörthersee. Ein Wiederhören mit seinen Schlager-Evergreens, »Jenny« und »17 Jahr, blondes Haar«, »Mit 66 Jahren«, »Griechischer Wein« oder »Aber bitte mit Sahne«, lässt nicht nur ältere Urlauber-Semester dahinschmelzen. Warum also nicht für sentimentale Stunden einen Best of Sampler mit seinen »Tourneehöhepunkten« fürs CD-Regal beschaffen?

SUBLIME LEKTÜRE

Das Werk des Literaturnobelpreisträgers Peter Handke ist gespickt mit autobiografischen Bezügen zu seiner Kärntner Heimat (er stammt aus der Jauntaler Gemeinde Griffen). Ich denke etwa an die Erzählung »Wunschloses Unglück« oder an das stark autobiografische Theaterstück »Über die Dörfer«.

KAVIAR VON DER DRAU

Allein die Fischspezialitäten, die man im Restaurant Sicher in Tainach kredenzt, rechtfertigen einen Besuch. Und es gibt hier eine kulinarische Rarität – den hier produzierten Rogen des Saiblings, einer speziellen Forellenart. Er hält sich, konserviert und in Glasdosen abgefüllt, lange Zeit (www.sicherrestaurant.at).

»DER WÖRTHERSEE IST EIN JUNGFRÄULICHER BODEN. DA FLIEGEN DIE MELODIEN.«

Komponist und regelmäßiger Kärnten-Urlauber Johannes Brahms

GEISTIGE ZEITREISE

Ulrichs-, Hemma- und Magdalensberg, der Weiler Karnburg (s. Foto), das Lurnfeld, die Stifte in Ossiach und Millstatt, die Dome von Gurk und Maria Saal – wir haben alle wichtigen frühen Kultstätten Kärntens besucht und können fasziniert bestätigen: die spirituellen Wurzeln reichen hierzulande besonders tief, in frühchristliche, ja römische und keltische Zeiten zurück. Und sie lohnen allesamt eingehende Besichtigung.

HEIMAT(HAND)WERK

Man weiß zwar nicht so ganz, wonach einem der Sinn steht. Doch typisch kärntnerisch soll das Souvenir tunlichst sein, und, klar, von hoher Qualität. Lieber eine Tracht? Ein Lodenjanker, Leinentischtuch oder Edelbrand? Oder doch etwas Geschnitztes, ein Stück Silberschmuck, eine Hinterglasmalerei? Im Laden des Kärntner Heimatwerkes in der Klagenfurter Herrengasse (www.heimatwerk-kaernten.at) findet sich garantiert was Passendes.

FEINES FÜR ZUHAUSE

Wer sich zu Hause gern an Kärntner »Schmankalan« erinnert, dem hilft der Online-Anbieter www.kaerntner-jause.at die Sehnsucht zu stillen. Haltbar verpackt und auf Wunsch in Geschenkboxen, bekommt man aus Klagenfurt authentische »Schmankalan« zugesandt: Almkäse, Bratlfett, Kasnudel (s. Foto), Trockenwurst, Alpenkräuter, Zirbenschnaps, Räucherspeck.

EIN EDLER GEIST

Kärntner Edelbrände genießen einen famosen Ruf. Direkt bestellen kann man sie bei: Wilhelm Jesche in Winklern bei Treffen (s. Foto; www.destillerie-jesche.at), Wolfram Ortner in Bad Kleinkirchheim (www.wob.at) oder Valentin Latschen in Klagenfurt (www.pfau.at).

PRO GRAMM

SPANIEN NORDEN / JAKOBSWEG

Berge und Wellen
Aktivurlauber sind hier im Glück: Vormittags bergwandern, nachmittags ein Bad im Meer – geht problemlos!

Galizische Küche
Wer Fisch und Meeresfrüchte liebt, ist im Norden Spaniens goldrichtig!

Bilbao
... hat touristisch mächtig aufgeholt, vor allem dank des berühmten Museo Guggenheim Bilbao von Stararchitekt Frank O. Gehry.

www.dumontreise.de

JAPAN

Tokio
Mehr Großstadtfeeling als in Japans Megacity geht nicht!

Heiße Quellen
Ideal nach einer Stadtbesichtigung: ein paar Stunden im Onsen und man fühlt sich wie neugeboren!

Raus in die Natur!
Mit ein bisschen Zeit kann man in das ländliche Japan eintauchen, auf alten Pilgerwegen wandern und die phantastische Naturvielfalt des kleinen Landes entdecken.

LIEFERBARE AUSGABEN

DEUTSCHLAND
207 Allgäu
216 Altmühltal
220 Bayerischer Wald
180 Berlin
162 Bodensee
217 Brandenburg
175 Chiemgau, Berchtesg. Land
237 Dresden, Sächsische Schweiz
152 Eifel, Aachen
157 Elbe und Weser, Bremen
168 Franken
020 Frankfurt, Rhein-Main
112 Freiburg, Basel, Colmar
231 Hamburg
026 Hannover zw. Harz und Heide
042 Harz
023 Leipzig, Halle, Magdeburg
210 Lüneburger Heide
188 Mecklenburgische Seen
038 Mecklenburg-Vorpommern
033 Mosel
190 München
047 Münsterland
223 Nordseeküste Schleswig-Holstein
006 Oberbayern
161 Odenwald, Heidelberg
035 Osnabrücker Land
002 Ostfriesland
164 Ostseeküste Mecklenburg-Vorpommern
154 Ostseeküste Schleswig-Holstein
201 Pfalz
040 Rhein zw. Köln und Mainz
185 Rhön
186 Rügen, Usedom, Hiddensee
206 Ruhrgebiet
149 Saarland
182 Sachsen
159 Schwarzwald Norden
045 Schwarzwald Süden
018 Spreewald, Lausitz
008 Stuttgart, Schwäbische Alb
239 Sylt, Amrum, Föhr
204 Teutoburger Wald
170 Thüringen
037 Weserbergland

BENELUX
156 Amsterdam
011 Flandern, Brüssel
179 Niederlande

FRANKREICH
177 Bretagne
021 Côte d'Azur
032 Elsass
228 Frankreich Südwesten Okzitanien
240 Französische Atlantikküste
019 Korsika
213 Normandie
235 Paris
198 Provence

GROSSBRITANNIEN/IRLAND
187 Irland
202 London
189 Schottland
227 Südengland

ITALIEN/MALTA/KROATIEN
181 Apulien, Kalabrien
211 Gardasee
222 Golf von Neapel, Kampanien
163 Istrien, Kvarner Bucht
215 Italien, Norden
233 Kroatische Adria
167 Malta
155 Oberitalienische Seen
158 Piemont, Turin
014 Rom
165 Sardinien
003 Sizilien
203 Südtirol
039 Toskana
232 Venedig, Venetien

GRIECHENLAND/ZYPERN/TÜRKEI
034 Istanbul
016 Kreta
176 Türkische Südküste, Antalya
229 Zypern

MITTEL- UND OSTEUROPA
236 Baltikum
208 Danzig, Ostsee, Masuren
169 Krakau, Breslau, Polen Süden
044 Prag
193 St. Petersburg

ÖSTERREICH/SCHWEIZ
192 Kärnten
004 Salzburger Land
196 Schweiz
226 Tirol
197 Wien

SPANIEN/PORTUGAL
043 Algarve
214 Andalusien
150 Barcelona
025 Gran Canaria, Fuerteventura, Lanzarote
172 Kanarische Inseln
199 Lissabon
209 Madeira
174 Mallorca
225 Porto, Portugal Norden
241 Spanien Norden, Jakobsweg
219 Teneriffa, La Palma, La Gomera, El Hierro

SKANDINAVIEN/NORDEUROPA
166 Dänemark
212 Finnland
153 Hurtigruten
029 Island
200 Norwegen Norden
178 Norwegen Süden
151 Schweden Süden, Stockholm

LÄNDERÜBERGREIFENDE BÄNDE
224 Donau – Von der Quelle bis zur Mündung
112 Freiburg, Basel, Colmar
221 Kreuzfahrt auf der Ostsee

AUSSEREUROPÄISCHE ZIELE
183 Australien Osten, Sydney
109 Australien Süden, Westen
218 Bali, Lombok
195 Costa Rica
234 Dubai, Abu Dhabi, VAE
160 Florida
205 Iran
027 Israel, Palästina
242 Japan
230 Kalifornien
031 Kanada Osten
191 Kanada Westen
171 Kuba
238 Marokko
022 Namibia
194 Neuseeland
041 New York
Saudi-Arabien
184 Sri Lanka
048 Südafrika
012 Thailand
046 Vietnam